福建建伟保险公估有限公司
福建建科房地产估价有限公司

这是一本保险从业人员都应当阅读的实战性书籍

如何解释和草拟保险合同

RUHE JIESHI HE CAONI BAOXIAN HETONG

主编◎陆荣华　　副主编◎王凤官

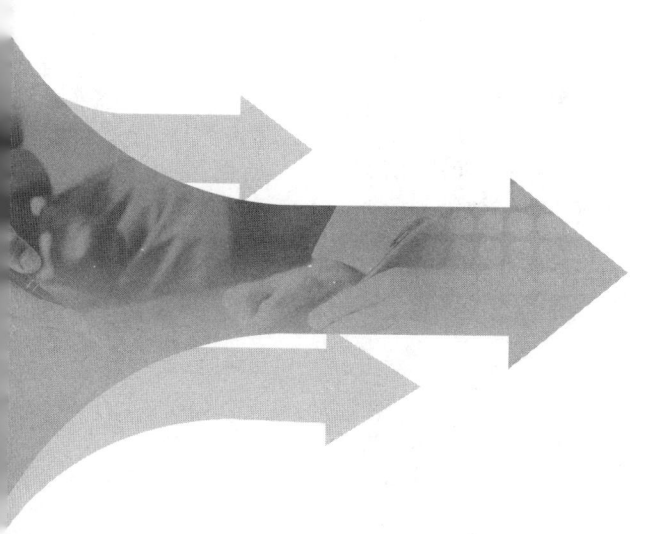

中国金融出版社

责任编辑：王雪珂
责任校对：潘　洁
责任印制：丁淮宾

图书在版编目（CIP）数据

如何解释和草拟保险合同/陆荣华主编. —北京：中国金融出版社，2020.9

ISBN 978-7-5220-0711-3

Ⅰ.①如…　Ⅱ.①陆…　Ⅲ.①保险合同—基本知识—中国　Ⅳ.①D923.64②F840.4

中国版本图书馆CIP数据核字（2020）第124741号

如何解释和草拟保险合同

RUHE JIESHI HE CAONI BAOXIAN HETONG

出版发行	中国金融出版社
社址	北京市丰台区益泽路2号
市场开发部	（010）66024766，63805472，63439533（传真）
网上书店	http://www.chinafph.com
	（010）66024766，63372837（传真）
读者服务部	（010）66070833，62568380
邮编	100071
经销	新华书店
印刷	保利达印务有限公司
尺寸	169毫米×239毫米
印张	16.75
字数	218千
版次	2020年9月第1版
印次	2020年9月第1次印刷
定价	62.00元

ISBN 978-7-5220-0711-3

如出现印装错误本社负责调换　联系电话（010）63263947

编委会

主　编
陆荣华

副主编
王凤官

编　委
阚小冬　邵春艳　张琦荣
王小英　陆青青　郑丽金

PREFACE 序

改革开放以来，我国保险业得到快速发展，伴随的是保险合同纠纷日渐增多；究其原因之一，乃对保险合同特性的认识不同，或有偏差，又或执行不到位。

所以，我们要强化对保险合同本质的学习、教育和宣传，让保险关系人各方都能对保险合同有正确的理解，尤其是要有对保险合同法律特性的洞察与理解，并能够正确执行。所谓保险合同的法律特性，即保险合同的保障性、经济补偿性或给付性、附合性、射幸性、最大诚信原则等；另外，保险合同又不同于由《合同法》调整的一般合同，它还具有受保险原理、保险目的和保险立法精神等调整的法律特征，因而学习将是全方位的。

编委会成员在保险业务服务、保险经纪和保险公估中介服务中，深深体会到正确理解和执行保险合同对于保险工作开展的重要性。所以，我们积极合力出版《如何分析财产保险合同》《如何解释和草拟保险合同》这两本书。愿各方读之，获益丰盛。

保险行业需要在法律框架下严格执行保险合同而健康发展，我们也都要在这样的健康环境中并行成长！是为序。

王凤官

庚子 夏日

FOREWORD / 前言

不管是国内保险从业人员还是保险消费者都深受保险合同纠纷的困扰。在处理索赔案件的时候，如果感到自己对纠纷案件无胜算把握，或者遇到的案件过于复杂，保险合同当事方往往选择庭外协商解决，而不是提交仲裁裁决或法庭判决。即使有些案件通过法庭审理，法官根据大陆法判决的结果也很难使公众有机会评判其是非曲直，更不用说由上诉法庭来纠正初审法庭的误判，因此国内许多判决的案件很难经得起历史的检验。迄今为止，国内保险业尚找不到一部比较权威的案例汇编，供保险从业人员学习和参考，或者作为其他法官在审理类似案件时的借鉴。

保险合同纠纷的部分原因是保险公司在投保时未能准确地向投保人解释保单内容，这导致投保人在条款理解上出现偏差，因而要求保险人承担过多的义务，或者回避或降低自己应履行的义务。有些纠纷则是因为合同草拟者未能公平、合理、明确地表述保险条款，使消费者觉得自己的利益受到侵犯，在发生损失时因为得不到完整的补偿而提起诉讼。

国内绝大多数涉外保险条款采用的是英美保险条款的制式和表述方式，由于语言上的差异，翻译过来的中文条款在合理性、逻辑性、可读性上都不够完善。尽管监管部门制定了条款模板供保单草拟者模仿使用，但这些模板并非出自产品专业研发机构之手，其合理性和标准化程度仍值得商榷。英文保险条款也不尽完善，有些条款语法或用词上出现差错，无法准确地表达中文意思。所幸国内保险合同以中文为准，否则保险业会出现大量的英文保险条款纠纷。保险产品的开发不能简单地靠模仿或剪贴，需要遵循一定的规则，满足条款文字表述上的特定要求。但目前，保险业苦于缺乏产品开发人员所亟须的保险合同草拟指引。

《如何解释和草拟保险合同》一书在参考国外类似书籍和相关资料的基础上编写，旨在向保险从业人员、消费者和产品开发人员提供保险合同解释和草拟方面的有益建议，避免或减少合同纠纷，提升整个保险业的专业水平。本书较少参考国内文献，原因是国内尚缺乏行业认可的条款解释和草拟上的权威性规范和标准。英美保险历史悠久，其合同解释和草拟已经形成理论体系，在世界范围内被广泛吸收和推广，与保险条款一样，这些知识作为舶来品无疑可以被我国保险业所接受和应用。本书比较适用于那些已经具备一定的保险产品和业务知识（特别是英美保险产品知识）的保险专业人员。本书大量地引用了美国保险案例和条款内容（如 CGL 条款），考虑到篇幅有限，有些案例仅作简单介绍，条款也未完整引用。如果读者想进一步了解书中案例的来龙去脉，可以将案例的英文名称作为关键词在国外网站（如微软的"必应"网站）上查询。书中几乎所有的案例都能查询得到，这也是编者选择采用国外参考资料编写这本书的一个原因。同样，如果遇到不熟悉的美国保险条款，读者也需要查阅条款原文，以理解案例。

本书共分三个部分：保单解释、在草拟和解释保险合同上的特殊问题，以及如何清晰地表述保单语言。

第一部分的第一章介绍合同分析的基本原则。合同解释应当与当事方在订立合同时的意图保持一致；合同意图的证据是书面合同本身，合同上的双方共同错误可以修改，而单方错误则不能；不能用外部证据否定书面合同条款，但可以用来解释书面合同条款。

第二章讨论保险保障分析的基本原则。"普通意义规则"指保险单按照其普通、一般和通俗的含义阅读;"特别意义规则"指技术或法律术语按照其特殊意义解读;法庭会拒绝执行表面看来不可理解的条款。

第三章所讨论的处理保单合同纠纷时的首要关注的问题是处理纠纷之前应优先考虑的重要问题,它们包括:合同解释应当有利于实现双方订立协议的目的;一个词语的解释不能使另一个词语变得多余;保单语言的解释不能导致荒谬的结果;基本保障分析的结果不能使保险单承保不合法的活动;保单条款必须在上下文中阅读。

第四章列出两个高级保障问题。一是合理预期原则,即保单解释要考虑保单持有者的合理预期;二是起草人不利于原则,即如果保单语言出现歧义作有利于被保险人的解释。但该原则的采用要有一系列先决条件,不能直接跳到最后,而且在某些情况下不能使用该规则。

第二部分的第五章介绍成文法和行政法对保单内容的规定。内容包括强制性合同语言的使用;禁止某些条款的使用;未遵守法律规定的后果;管辖权法律选择的原则。

第六章阐述公共政策对保险合同解释的影响。指出公共政策的来源;在草拟保险单时应当考虑到公共政策;在解释保险条款时应当与公共政策保持一致;具体介绍各种雇佣实践责任保险故意行为除外条款。

第七章讨论保险合同中的承诺、条件、告知和保证。包括如何表达承诺及违反承诺的后果;条件的类型和其法律重要性,特别是如何理解保险事故通知条款;告知和保证的区别以及其法律意义。

第八章介绍如何在承保协议中对保险保障进行限制及其优势所在;除外条款的从属性和独立性;如何用"除非"一词表述除外条款的例外。

第九章阐述批单及其他定制条款的作用和表述方式。主要介绍口述、保险证书和保险承诺书这三种主要保单修改技术。

第三部分的第十章说明如何通过选择正确的词汇以避免出现语言模糊。内容包括用词一致性；定义的作用、类型及草拟定义时的注意事项；如何用范例来阐明抽象概念；如何在保险单中正确使用定冠词、形容词、代名词、复数形式及如何正确地表述时间和空间。

第十一章探讨如何解决句法歧义问题。包括如何正确使用连接词"和"与"或"；如何正确地使用形容词和副词修饰语；介词和标点符号（主要是逗号）的正确使用；通过列表法避免句法歧义。

第十二章说明如何解决上下文歧义问题。包括上下文歧义的来源；解决上下文歧义的原则和措施；其他保险条款冲突的解决方法。

第十三章讨论整个保单语言的可读性问题。包括如何确定章节标题、句子长度标准的采用、四种容易造成歧义的句子结构：名词化、语助词、被动语态、非规范化表述；其他有用的句子模式。

CONTENTS 目录

第一部分 保单解释

第一章 基本原则 ··· 3
- 第一节 保单解释的历史 ······························· 3
- 第二节 合同意图的控制性作用 ······················· 4
- 第三节 意图的书面证据 ······························ 10
- 第四节 意图的外部证据 ······························ 14

第二章 基本保障分析 ···································· 25
- 第一节 普通意义规则 ································ 25
- 第二节 特别意义规则 ································ 33
- 第三节 表面无法理解的文本 ························· 45

第三章 首要关注的问题 ································· 49
- 第一节 目的落空 ····································· 49
- 第二节 多余的文字 ··································· 52
- 第三节 荒谬的结果 ··································· 54
- 第四节 不合法 ······································· 55
- 第五节 阅读上下文中的表述 ························· 56

第四章　高级保障问题 ··· 69
　　第一节　对保障的合理预期 ··· 70
　　第二节　于起草人不利原则 ··· 77

第二部分　在草拟和解释保险合同上的特殊问题

第五章　成文法和行政法 ··· 93
　　第一节　对保单内容的规定 ··· 93
　　第二节　条款解释与管理规定一致 ······························· 100
　　第三节　法律选择 ··· 100

第六章　公共政策 ·· 102
　　第一节　公共政策的来源 ·· 102
　　第二节　拒绝与公共政策不一致的条款 ························ 103
　　第三节　按照与公共政策一致的方式解释条款 ·············· 104
　　第四节　基于公共政策的默示除外条款 ······················· 107
　　第五节　在草拟保险单时对公共政策的考虑 ················ 109
　　第六节　雇佣实践责任保险中的故意行为除外条款 ······· 113

第七章　承诺、保单条件和陈述 ··································· 115
　　第一节　承诺 ··· 116
　　第二节　条件 ··· 120
　　第三节　告知和保证 ·· 126
　　第四节　隐瞒 ··· 133

第八章　承保协议和除外条款 ······································ 135
　　第一节　承保协议 ··· 136

第二节　设计限制性条款以作为承保协议的一部分 …… 141
　　第三节　除外条款 …………………………………… 146

第九章　批单以及其他定制的条款 …………………… 154
　　第一节　草拟批单——替代方法 …………………… 154
　　第二节　除了批单之外的其他保单修改技术 ……… 159

第三部分　清晰地表述保单语言

第十章　语义模糊 ……………………………………… 171
　　第一节　一致性 ……………………………………… 171
　　第二节　定义 ………………………………………… 177
　　第三节　在定义类型之间作出选择 ………………… 181
　　第四节　在草拟保险单和使用定义上的其他问题 … 183
　　第五节　抽象和原型 ………………………………… 184
　　第六节　特定的词和短语 …………………………… 190

第十一章　句法歧义 …………………………………… 196
　　第一节　连接词 ……………………………………… 196
　　第二节　修饰语 ……………………………………… 206
　　第三节　标点符号 …………………………………… 212
　　第四节　列表 ………………………………………… 217

第十二章　上下文歧义 ………………………………… 220
　　第一节　上下文歧义的来源 ………………………… 221
　　第二节　解决上下文歧义的原则 …………………… 224
　　第三节　减少上下文歧义的建议 …………………… 230

第十三章　风格 237
第一节　标题 239
第二节　用词和句子长度 240
第三节　句子结构 243

参考文献 252

第一部分
PART ONE

保单解释

保险单是很难阅读的，而且多数保险从业者从未被教会怎么正确地阅读保险单。

本书第一部分通过解释如何系统地应用法庭多年来形成的保单解释规则来解决这一问题。该部分的四个章节帮助逐步了解保单解释的一些法律原则。

第一章介绍合同分析的"基本原则"（Fundamental Principles）。它解释道，合同是一种私法，由当事方自愿制定。在解释合同时，法庭的主要工作是确定并应用制定合同的意图。通常，合同措辞本身提供了当事方意图的最佳证据，但外部证据也可以考虑，用来澄清这些措辞的含义。

第二章概述根据基本原则进行的"基本保障分析"（Basic Coverage Analysis）。根据普通意义规则（Plain Meaning Rule），法庭假设，合同双方的意图是，保险单中使用的一般性词汇，采用它们的一般性词典含义；含义明确的技术性词汇或"艺术术语"（Terms of Arts）采用的是它们的特殊含义。如果保单文本表面上无法理解，法庭就缺乏确定双方意图的基础。在这种情况下，法庭拒绝执行保险单中无法理解的约定。

第三章指出了一些"首要关注"（Overriding Concerns）或特殊情形，它们比基本保障分析更加优先。比如，一个词汇的普通含义不能用来挫败原来保险交易的商业目的。一个词汇的解释不能够使另一个词汇变得多余。保险单不能经解释后产生荒谬的结果或承保近似于非法活动造成的损失。保险单必须整体地解释，每一个条款都必须与其他相关的保单条件结合起来阅读。法庭用这些规则作为一种检查和平衡制度，以保证不会由于过度地解读保单文字而使得合同意图无法实现。

第四章涉及两个"重要保障问题"（Advanced Coverage Issues）：合理预期和不利于起草人原则。这两种原则在罕见的情况下使用，也就是当保单条款对潜在的保险责任所作的限制是一般保单持有者所无法预见和无法理解时，以及保单表述存在两种相互矛盾的解释，而这两种解释看来又都是正确的情况下。为了解决这两类问题，法庭制定了高度专业化的规则。但在多数情况下，保障问题应当通过采用"基本保障分析"或"首要关注"措施予以解决。

第一章　基本原则

本章讨论几种用来指导解释保险合同的概念。比所有其他解释规则都重要的是，法庭必须确定和应用合同当事方的意图。

法庭所要考虑的只是保单持有者的客观意图而不是主观意图，它们将重点放在了解理性之人对合同词汇的理解程度上。

确定和应用当事方签订合同的意图是很重要的，因为法庭有权纠正合同当事方的共同错误，使得文字能够正确地表述双方所达成的协议。单方错误，不管是保险人还是保单持有者，都不足以作为修改合同的理由。

在签订合同时，当事方意图的最佳证据是他们所选择表达该意图的措辞。但是，文字本身并不是该证据的唯一来源。当事人之间所谓的口头证据（parol evidence）或口头沟通证据，以及与签订合同相关的其他外部证据都不能够对抗书面证据。

但是，在帮助澄清文字含义、修改差错、解释所作的修改以及避免根本性的不公平等情况时，应当允许采纳口头证据。

第一节　保单解释的历史

保单解释标准在最早期的保险案例中就已经存在。在十七八世纪，有些聚集在劳合社咖啡屋的保险人被认为是受精明的船长们的摆布，后者为其远洋运输风险事故向前者寻求保险保障。由于被保险人（船东）并不需要法庭保护，为了解决保险人和被保险人之间可能存在的纠纷，保险合同法应运而生。制定保险合同法的决定反映了当时的一种趋势，即要保护无助的保险公司。因此，严格执行合同中的保证条款，以及以最高诚信方式履行双方在合同中的义务，成为法庭用来挫败被保险人向保险人索赔的格言。该格言的采用对被保险人不利。

到了19世纪，法庭改变了他们的立场，认为被保险人而非保险公司是最经常需要保护的一方。作为应对措施，法庭确定了对保单持有者有利的争议处理方式，就像他们在处理其他商业合同争议时往往将天平向消费者倾斜那样。尽管这些法律上的发展并不总是对保单持有者有利、对保险人有害，法庭还是经常对那些未能考虑保险交易环境司法敏感性的保险公司予以处罚。20世纪60年代早期引入了合理预期原则，法庭支持保单持有者的立场达到了顶峰。

在过去10~15年，这种司法上的情绪似乎有些动摇。保险评论员注意到了一种趋势，即法庭采用了传统的保单解释原则，对支持保单持有者的做法也有所松动。但是，由于法庭在审理案件时既采用传统也采用现代的法律原则，保单草拟者和解释者应当对这两套原则有所了解。

第二节　合同意图的控制性作用

在美国三权分立的政治体系中，法庭的作用很有限。法庭不能制定法律，它们只能解释由立法机构制定的法律。在解释成文法时，权力分离原则要求法庭必须确定和应用制定某种法律的立法机构的意图。法庭无权在解释法律过程中重新制定或修改法律。

保险合同是合同中的一种，但有其独特的地方。法庭解释保险合同时采用的规则通常与解释其他合同一样。通过签发和接受保险单，保险公司和保单持有者自愿承担相互间的义务。在解释合同时，法庭的主要作用是确定和应用合同当事方的意图，使得他们的交易能够按照原来理解的方式去进行。法庭无权按照与当事方意图不同的方式重新制定或修改合同。

一、普通法体系

在讨论与合同意图相关的问题时，先简单介绍美国的普通法体系。

应用解释合同的准则或标准是一种科学而不是艺术。这些准则并未以完全无误的方式指出该如何解释合同，而且它们也不是一成不变的规则。这些标准来自普通法及成文法的解释规则。

在中世纪，英国人受到非书面地方风俗、惯例或传统的控制。比如，当一个人死亡，按照风俗习惯，他的所有动产和不动产都传给他的最年长的男性继承人。该规则并未在任何地方以书面方式确定下来，它只是人们行事的一种方式。因此，这种法律成为"非书面"法律。如果对这些非书面习俗的应用产生争议，中世纪法庭会判决，这种非书面习俗在这种情况下该是如何应用的。

根据英国早期历史，地方法庭强制执行的非书面习俗规则各地都不相同。到了20世纪，地方习俗和惯例的混合物也被所创建的统一规则体系国有化了，该规则体系在英格兰和威尔士的所有地方通用。此后，法官在整个国家实施这些习俗，并称为普通法，也就是说在英国所有地方统一采用这些习俗。今天，美国法庭在每个州的所有地方都采用相同的规则，所以美国法庭的判例也被称为普通法。

美国法律体系的基本原则遵守的是过去审理案件的规则。这种惯例称为遵守"过去判例"（state decisis）原则，即"坚持已决定的事"（stand by what has been decided）法庭首先在同一个司法管辖区内寻找法庭在类似案件中所陈述的规则。如果没有这种规则，法庭可以借用其他管辖区内所判决的案例。法庭仔细地阅读现在案件的事实情况，以找出与过去案件类似或不同的地方。有时，法庭在过去的判例中未找到可以作为指引的地方。在这些所谓的门槛案件中（threshold cases），法庭将检查普通合同法及类似案件中的法庭判例，以找到判决所审理案件的依据。偶尔，法庭会拒绝接受过去的案例法。

一方面，在确定保单表述的含义时，法律的问题由法官而不是陪审团确定；另一方面，事实问题，如被保险人是否有过失，一般由陪审团裁定。

二、客观意图

解释合同的主要原则是，合同解释应当与当事方在订立合同时的意图保持一致。但是，这种原则具有严格的适用标准。当合同当事方对合同表述的含义存在争议时，法庭会通过确定该表述对当事方传递的想法来解释其含义。一般情况下，法庭不关心合同当事方的实际或主观意图，它们关心的是当事方的明显或客观的意图。

比如，在2002年的迪什曼诉美国普通保险公司案件中（Dishman v. American Gen.Assur. Co., 2002），死者曾经签署了信用人身保险投保书，在投保书中他陈述："据我所知，我现在的身体是健康的。"寿险公司据此出具了保险单，并将投保书上的这一陈述并入保险单中。

后来发现，在提出该投保申请前3年，死者曾经因为小儿麻痹后遗症住院多次。该后遗症的特征是脊柱侧凸、慢性阻塞性肺病以及重复性心肺异常。医生告诉他，他的病情正在恶化。在保险期间，他出现急性呼吸衰竭，造成脑死亡。几天后就去世了。

由于死者在投保书上误告自己的身体状况，寿险公司取消了保险合同，但死者的妻子辩称，在过去30年时间中，她的丈夫成功地克服了小儿麻痹后遗症，而且能够充分就业。她声称，他主观上相信"身体好"，是指对患退化性小儿麻痹后遗症的人来说，他认为自己的身体非常好。她在法庭上作证，某人身体健康是指他"能够做处于健康状态的人所能做的事"。

法庭不同意并认为，当保险单中对关键词汇未作定义时，该词采用的是理性之人认为它所具有的含义，而不能采用牵强的或不自然的解释。法庭确定，一个理性的人会客观地认为，"身体健康"一词是指"未患严重的疾病"。相比之下：

"患这么严重的小儿麻痹后遗症的人（其后遗症包括因慢性阻塞性肺病住院，过去几年内多次心肺异常，以及医生警告这种疾病具有慢性及不断恶化的性质）不是一种健康的身体。"

三、保单持有者的观点

合同解释法的一般规则是，合同草拟人的主观意图是不能控制合同语言的含义的。书面合同的含义不是根据草拟者的实际意图，而是根据理性之人在处于对方位置时认为该词所指的含义来确定的。这样，保险公司草拟的保险单根据理性的保单持有者的观点来解释。

个人观点对保单阅读者理解保单语言产生重大的影响。举财产保险单中关于因果关系的表述为例，这种表述通常适用于由于所承保的损失原因造成的损失。

为了说明以上论点，假设早期的财产保险单承保"由于火灾造成的损失"，但又将"爆炸造成的损失"除外。法庭对"由火灾造成的损失"这一短语的解读是，当火灾造成一连串事件，这些事件又导致物质损失时，则保险责任适用。即使火灾引起爆炸，爆炸又造成损坏，也属于这种情况。

法庭的推理如图 1-1 所示：

（A）火灾（承保）⟶（B）爆炸（除外）⟶（C）损失（承保）

图 1-1 法庭推理

为了应对法庭的推理，财产保险人修改了他们的保险单，使得保险单仅适用于"火灾造成的直接损失"。但是，根据读者的观点，"直接"一词有不同的含义。

考虑保险公司理赔部门的观点，该部门仅意识到损失发生后向它提出的索赔。在调查赔案时，理算人员沿着因果链倒退追溯调查，并首次发现造成损失（事件 C）的直接原因是爆炸（事件 B）。经过进一步调查，该理算人员又发现，造成爆炸的根本原因是火灾（事件 A）。对她来说，物质损坏是直接由"爆炸"造成，从她的事后视角来看，该损失并不是"由火灾直接造成"。

但是，法庭并没有按照理赔人员那样从事后视角看待"直接"一词的含义，反而从保单持有者的事前视角解读"直接"一词。保险单出具之时，还没有发生损失。从前瞻性的角度看，理性的保单持有者会认为，"由火灾造成的直接损失"应当指，当火灾发生时，保险单会承保火灾导致的任何"直接损失"。因此，法庭认为，"直接"一词是指，如果火灾（事件 A）直接导致爆炸（事件 B），而爆炸又"直接"导致"损坏"（事件 C），保险单对此提供保障。

合同条款的解释从某种意义上说是以条款草拟人知道非条款草拟人对这些条款的理解为基础。如果没有相反的证据，法庭会假设，合同双方按照词汇的一般日常含义来理解它们。如果合同草拟人知道（或有理由知道）对方对一般词汇可能有不同的理解，将被认为草拟人采用的是对方所理解的含义。

四、理性之人的标准

按照理性之人的标准（Reasonable Person Standards）去解释条款是一种在没有证据表明保单持有者了解保单措辞的含义的情况下所采用的一种默认

规则。鉴于订立保险合同过程的特点，该规则广泛使用在保险案件中。在多数保险交易中，保单持有者并未考虑订立合同过程中造成争议的问题。因此，当双方达成协议时，保单持有者通常并不特别理解该争议的性质。

根据理性之人的标准，合同必须按照理性和有理解能力的人根据所处环境从合同推断的结果来解释。

比如，在2007年的韦伯斯特诉阿卡迪亚保险公司案件中（Webster v. Acadia Ins. Co., 2007），被保险承包商受到学区的指控，因为前者在修缮学校体育馆屋顶时措施不当。普通责任险（CGL）保险人辩称，据称由于建筑缺陷（包括临时性的膨胀、弯曲、横向移位及托梁从建筑框架上分离）造成的屋顶外表和龙骨形状的改变是微不足道的，不足于认为是"对有型财产的物质损坏"。但法庭不同意，它认为：

保险单并未描述触发保险责任所需要的最低财产损坏标准。保险单只不过将财产损坏定义为"对有型财产的物质损坏"，而未作任何限制。我们按照被保险人作为理性之人的理解方式解读该定义，其结论是，它并不需要最低的损害程度以达到保险保障的要求。

在2008年的卡尔森诉好事达保险公司案件中（Carlson v. Allstate Ins. Co., 2008），代理人将属于成年儿子的车辆列在其父母亲的保险单项下以获得多辆车保费折扣。有一天儿子在街上开车，经过十字路口时被其他车辆撞伤，该车辆驾驶员无保险。儿子在父母亲的保险单项下提出索赔。

该保险单为"被保险的人"提供无保险驾驶员（uninsured motorist, UM）保障，"被保险人"的定义是保单声明页中载明的"保单持有者"（policyholder），但声明页并未确定任何"保单持有者"。反之声明页中，父母亲列为"指明被保险人"（named insureds），儿子作为被允许的"驾驶员"。

该父母亲辩称，一个理性之人会认为"保单持有者"一词包括声明页中载明的"指明被保险人"和驾驶员。根据该解读，任何与其儿子类似的被认可的驾驶员都是"被保险的人",都有权获得 UM 保障。

法庭拒绝了这种辩解,认为理性之人会认为"保单持有者"一词仅指"指明被保险人",特别是那些支付保险费并获得保险单的人。因此,UM 保障不适用于儿子。

第三节　意图的书面证据

合同意图的最佳证据是书面合同本身。如果合同语言是明晰的,并不会导致不合理的结果,当事人的意图由书面合同条款确定。

保险单并不是唯一用来证实当事方达成书面协议的文件。根据州法的规定或保单的约定,投保书也可以是合同的一部分。对协议的修改,如批单或核保人的解释函都优先于之前的协议版本。对协议的修改是合同当事方对相关合同内容所作的最后表述这一事实,增加了通过修改合同来表达当事方意图的重要性。这样,除非合同草拟人在拟订合同时小心翼翼,不留下任何不明确的地方,否则核保人的解释函会改变协议内容,即使他们的主观意图并不是为了修改原保险单。

广告册不可能被认为是合同的一部分,它不过是合同条款含义的证据。其他文件材料,如保险公司的费率规章或特定的法律规定,也可以通过引用方式将其并入保险合同。

以下举例说明。酒精饮料责任保险承保由于"被保险人占用的任何地点"所造成的酒精责任。被保险人在乔治亚州和阿拉巴马州经营一些商店。他在投保书中列出了所有经营的商店,但是阿拉巴马州的商店被划掉了。法庭认为,投保书是保险合同的一部分,在投保书中划去阿拉巴马的商店表明了被保险人不打算为该商店购买保险,而且手工划掉的标志优先于事先印制的材料。因此法庭判决,保险保障并不适用阿拉巴马的商店。

在解释书面合同时，法庭有时说到四角方式（four corners approach）这一合同解释规则。根据四角方式理论（四角指文件的四角，它意指仅根据文件中的表述解释文件内容，而不考虑文件之外的任何证据），法庭只阅读书面合同，仅根据合同内容来审理案件，而不考虑当事方意图的其他表示。如果合同对双方达成一致的内容作了完整的表达，法庭的解释通常受合同文本的控制。但是，除非被法律规则所排除，诉讼当事人可以拿出与书面合同含义相关的所有合理证据，包括合同文本之外的事实和情况。

确定及应用合同意图是那么重要，以至于法庭具有修改书面合同上的共同错误的衡平权，也就是说，即使法庭无权制定当事方从未同意过的不同的合同，他们也有权以公平或合理的方式修改合同，使得它能够正确地表达合同方的一致意见。

在2009年的美国电力公司诉FM附属保险公司案件中（American Elec. Power Co. V. Affiliated FM Ins. Co., 2009），法庭概述了确定保单修改的一些基本规则：

"修改合同是一种用来纠正合同错误的衡平救济方式。如果由于欺骗或相互错误，所签发的保险单并未表达合同方达成的协议，该保险单可以修改。要求修改保险单的一方有责任确定在合同起草上的共同错误。口头证据在确定共同错误时可以采用，但不能造成打算使用的词汇出现歧义。"

以下案例可以说明保单修改是如何进行的。

1. 共同错误

法庭在修改合同之前必须表明，保险公司和保单持有者在正确采用保单词汇时出现共同（而不是单方）错误。

共同错误并不意味着，在出现索赔纠纷时，双方事后同意，保险单应当修改。反之，它是指从合同订立开始，书面保险单就未反映他们的原来意图。

在2009年的酷搏·壹·因登公司诉韦德·库克金融公司案件中（Caliber One Indem. Co. v. Wade Cook Fin.Corp., 2009），保单持有者购买了5 000 000美元的地震保障。他通过经纪人要求保险人，下一年度的保险单"按照完全相同的条款"续保。但是，由于核保部门的印刷错误，5 000 000美元的地震限额变为500 000美元。没人注意到该错误，而且该错误限额第二年续保时还在继续使用。

在第三个保单年度，地震对被保险公司造成了超过8 000 000美元的损失。在理赔时，理算师发现，限额只有500 000美元，并追溯到之前的印刷错误。尽管理算人员知道这是印刷错误，但他仍坚持，保险单仅提供500 000美元的地震保障。

法庭根据以上事实认为，由于这是双方的共同错误，保单修改是一种合适的补救措施。保险公司和保单持有者都未能发现错误的地震限额，当相关证据给出的最合理的解释是，合同双方当时打算按照5 000 000美元的地震限额续保。因此，保险单必须修改以反映这一限额（当然，保单持有者要支付额外保险费）。

在1978年的狄克逊诉肖克利案件中（Dixon v. Shockley, 1978），一个雇员声称，由于监督人的过失他受了伤。由于雇主未购买劳工补偿保险，雇员可以不受限制地起诉该监督人。雇主普通责任险保单声明页指出，指明被保险人是"个人""合伙企业"和"公司"。该雇员辩称，必须认为保险单是向"公司"签发，因此任何"执行官"（监督人）都是被保险人。

上诉法庭不赞同这种说法。它引用了以下证据来表明，在声明页上列出多种类型的被保险人实体是保险公司和雇主的共同错误，合同双方的真正意图是将个人作为指明被保险人：

——普通责任保险单是向弗洛伊·奥·克劳福德签发，他以克劳福德企业名义营业；

——克劳福德企业是独资企业，由弗洛伊·奥·克劳福德经营，后者是个人；

——克劳福德企业并不是一家公司；

——弗洛伊·奥·克劳福德证实，他只打算承保自己和他的妻子；

——他并不打算承保作为执行官的监督人；

——克劳福德并不知道在声明页中标为"公司"的小方框中有个核选标记，直到作证时他才被告知可以打勾选择；

——将指明被保险人指定为公司是保险公司的笔误；

——代理人的证词证实，"被保险人或保险人都没有打算为任何类型的公司提供保障"。

根据这些证据，法庭认为，保单错误应当修改，使它能够真实、正确地表达双方的意图。因此，监督人不是被保险人，只有克劳福德和他的妻子才是被保险人。

2. 单方错误

如果合同双方在以书面方式表述所达成的协议时存在共同错误，保险单才能修改，但如果是单方错误，法庭是不同意修改保险单的。

比如，在2009年的泰格·菲铂斯有限责任公司诉阿斯彭专业保险公司案件中（Tiger Fibers, LLC v. Aspen Specialty Ins. Co., 2009），火灾损坏了被保险人的生产设施，但问题是，是否商业财产保险单实际包含建筑物保障。

——被保险人证实，他们要求保险公司的代理人提供包含建筑物保障的保险单；

——代理人出了差错，当他在准备投保书时，未能要求保险公司提供建筑物保障；

——核保人收到投保书时，他认为保险单不包括建筑物保障；

——但是，核保部门的出单人员又犯了另一个错误，他在声明页上表示提供建筑物保障的方格上打了"√"；

——被保险人收到保险单时仔细检查并确认保险单包含了他们所要求的建筑物保障。

代理人和核保人在整个交易中都属于保险公司一方。由于这是保险公司单方的错误，法庭认为不能修改保险单以删除建筑物保障。

第四节　意图的外部证据

保单表述本身是合同意图的最佳证据，但这并不意味着不能考虑外部证据。外部证据不能用来否定书面合同条款。但是，外部证据经常被用来解释书面合同条款。

一、不能否定书面条款

由于书面表述被认为是当事人订立合同意图的最佳证据，法庭一般会拒绝采用否定书面协议条款的外部证据，这就是所谓的口头证据规则（parole evidence rule）。口头证据规则是一种原则，如果合同主体同意书面文件是他们之间协议条款的最终和完整的表达，那么协议前或同时的证据就不能被采纳用于否定或改变书面文件或给书面文件增加新的条款。

在一篇论文中是这样解释该规则的：

"当双方签订了合同，并以书面方式表达了他们所同意的内容，以作为该合同完整和准确的组成部分，先前的理解和谈判的证据，不管是口头还是其他方式，是不能用来修改或否定书面合同的内容的。"

在1988年的加尔萨诉海上运输线公司案件中（Garza v. Marine Transport Lines，Inc.，1988），法庭进一步解释道：

"口头证据规则旨在将它作为一种保证商业关系稳定的措施。该规则的目的和本质是避免这种可能性,即如果主观意图的证词可以被用来替代合同的直白含义,那么欺诈行为就会盛行。在不存歧义的情况下,接受外部证据的结果是,它会允许一方'用他对自己的义务的观点来替代那些已经明确表述的义务'。"

采用口头规则的前提是有一个完整的合同,双方在合同中完整地表达了它们所同意的事项。满足合同完整性的前提并不困难,因为保险单通常是双方签订的完整合同。

比如,在2009年的世界健康和教育基金诉卡罗莱纳损害保险公司案件中(World Health & Educ. Found.v Carolina Cas.Ins.Co.,2009),购买了期内索赔制保险单的保单持有者声称,保险公司的代理人让他相信,只要续保保单有效,保险公司都会赔偿任何时候提出的索赔。他还声称,并没有人告诉他,每个期内索赔制保单都是一个"不同的保险合同";或者,要使保险责任适用,保单持有者需要在与向其提出索赔的相同的保险期间内将该索赔报告给保险人。该证据与期内索赔制保险条款的约定直接产生冲突。于是,它起诉保险公司,指控后者欺诈性隐瞒、过失误告及不得反言。

法庭注意到,保单中的"一般条件"部分包含以下条款:

"整个协议

通过接受该保险单,被保险人和保险人同意,本保险单和任何附贴的书面批单构成合同双方之间的整个协议。"

法庭认为,该"整个协议"条款是一个综合条款,它排除了口头证据的引入:

"争议中的口头证据(声称关于对保单项下的保障的误导)并不表明,订立了无约束力的保险合同,而是表明它与完整的保险单中的书面条款存在冲突。法庭的结论是,2007年保险单是完整的,对索赔人关于欺诈、误告以及不得反言的指控不予支持。"

二、可以帮助解释书面表述

对口头证据规则有一种最重要的限制，那就是该规则并不禁止被用来解释合同双方打算让特定的词汇所表达的含义。如果合同语言并未以合理的方式明确表达一种意思，法庭会允许用口头证据来表明双方的意图。

比如，在2003年的克拉珀诉联合保险集团代理公司案件中（Klapp v. United Ins.Group Agency Inc.，2003），法庭表示，"在解释合同中所存在的有歧义的表述时，采用相关的外部证据并不违反口头证据规则"。法庭进一步表示：

"当仅靠文件本身的表述无法明确表达当事方的意图或协议的主题时，可以采用口头证据规则，该规则并不排除为了帮助解释书面文件而采用口头或外部证据。口头或外部证据不能增加或减少书面文件的内容，它只能够确定合同双方所指的是什么。这样，当书面文件用简短和不完整的措辞表述，或者容易出现两种解释，或者所采用的语言不明确、有歧义，而且必须用外部证据才能确定的事实来证实合同内容时，就允许用口头或外部证据来解释书面文件。"

同样，法庭会考虑条款中的技术词汇与一般词汇含义明显不同的证词。提供此类证据的目的不是修改合同表述而是解释它们。

比如，商业普通责任保险单（CGL）承保"对私人占用权的其他入侵行为"。法庭发现，保险单中关于向由于侵犯民权而遭受索赔的镇政府提供保障的表述有些含混不清。法庭拒绝对该条款做有利于镇政府的解释。法庭注意到，一些外部证据表明，镇政府官员已经意识到有这种针对违反民权行为提供的保障，但并未选择购买它。

三、允许使用外部证据

是否应当考虑达成协议环境的外部证据,以帮助确定合同语言的含义,对这一问题存在着一些争议。

有一种学派认为,在确定合同当事人的意图时,如果合同语言是清晰而且不会引起歧义,法庭不会考虑任何合同之外的外部证据,如类似那些围绕着订立合同的环境的外部证据。根据这一观点,在考虑合同语言的含义时,这类外部证据是不予考虑的。

另一种学派的观点是,围绕着订立合同的环境的外部证据是可以考虑的,即使表面看来合同语言是清晰而且不会引起歧义。

在 1968 年的太平洋煤气电力公司诉 G. W. 托马斯马车运货和索具公司的案件中(Pacific Gas & Elec. Co. v. G. W. Thomas Drayage & Rigging Co. Inc., 1968),在两家公司签订的补偿协议中,要求承包商对煤气公司以任何方式履行合同导致财产损坏所引起的任何损失、费用和责任向后者进行补偿。

现在的问题是,什么是"对财产造成损害"(injury to property)?

煤气公司声称,"对财产造成损害"的含义是清晰、无歧义的。补偿义务适用于哪种"财产"并无任何限制。根据这种观点,承包商对煤气公司的补偿义务适用于对第三方财产(如承包商可能对停车场上的来访者的车辆),以及第一方财产(如承包商在施工过程中可能对煤气公司设备)造成的损坏。

承包商辩称,虽然表面看来"对财产造成损害"一词的含义是明确的,但双方的真正用意是,该词仅适用于第三方财产。承包商设法证实,几年来双方的行为都表明,只有第三方财产损失才得到补偿,补偿协议从未打算让承包商作为煤气公司的财产保险人。

初审法庭认为,承包商关于双方在交易过程中的外部证据是不可接受的,双方的意图必须通过分析协议内容来确定。

加州高等法院不同意初审法庭的意见，认为承包商的外部证据本应当得到认可，即使"财产"一词表面上看来并无含糊不清的地方。法庭解释道，这种外部证据规则是必要的，因为文字是"思想的标志"，它们并没有固定的含义，不像数学或化学标志。文字在其所处的上下文中，根据它们使用的不同目的，以及使用它们的人的教育和经验程度，其含义不尽相同。因此，法庭应当考虑所有的证据，使它们能够反映出当事方在签订合同时的真实意图。

四、显示出词义的不确定性

美国不同的州采用不同的基本原则以帮助评估词义。只要对词义存在不同的司法解释，就是一种歧义的外部证据。有些法庭认为，司法意见冲突可以决定性地表明歧义的存在。反之，如果词义的过去司法意见与现在相同，就可以表明该词义是明确的。在某些司法管辖区，其他法庭对条款的一致性解释可以说明该条款不存在歧义。

有时调整或改变费率可以作为条款含义不明确的证据。比如，两份保险单承保相同的风险，其中一份是基础保险单，另一份是超额保险单。由于超额保险单的表述存在歧义，使人误认为它承保的也是基础风险，因此需要与基础保险单比例分摊损失。但是，由于一个保险人收取的保险费比另一个保险人少得多，它表明前一个保险人打算将其签发的保险单作为后一个保险人所签发的保险单的超额保障，两份保险单不存在比例分摊的问题。

草拟保险合同的历史也可以用来说明保单表述的含义。保险人 [或类似保险服务局公司（Insurance Service Office, Inc.）那样的服务机构] 关于保单条款含义的陈述也可以作为保单歧义或其他目的的证据。法庭可以同意，通过发现保险人草拟保险合同的历史来显示保单条款的含义或解释所存在的歧义。

> **文框 1-1**
>
> **保险合同草拟及管理上的历史事件——污染除外条款**
>
> 在审理涉及普通责任保险污染除外条款的争议中,有些法庭参照了过去处理过的,在草拟及管理保险合同上的历史性纠纷案件。由于保单持有者能够举证,保险行业向监管人员及公众所作的陈述未能与保险人在保险责任诉讼中所作的解释一致,愿意评估保险单草拟或管理历史的法庭几乎一致同意保单持有者的辩解。
>
> 法庭允许保单持有者提供证据以证明,保险业曾经表示过,它并不打算用污染除外条款来排除对产品、完工及某些场所外污染索赔的保障。保险合同草拟的历史显示,保险业曾经表示,该除外条款仅适用于由环境保护部定义的超基金(Superfund,美国政府基金,负责清理污染最严重的国土,应对环境紧急事故、油污和自然灾害事件)责任及有毒物质。

1. 保障选择上的考虑

在确定实际购买的保险保障的含义的诉讼中,可以采用过去曾经考虑过、讨论过和拒绝过的保险保障的外部证据。

比如,在 2007 年的阿肯色州汽车配件和汽油公司诉阿肯色州环境质量部案件中(State Auto Prop. & Gas Ins. Co. v. Arkansas Dep't of Envtl. Quality, 2007)的焦点问题是,是否在销售给加油站的保险单中有绝对污染除外条款,禁止因为汽油从地下储油罐泄漏并污染了土壤和地下水所引起的索赔保障。在过去案件的判决中,阿肯色州高等法院认为,在销售给煤气站的责任保险单中,并不清楚是否汽油应当被认为是污染物质。

但是法庭认为,该案件的情况有所不同。该案件中,保险公司拿出外部证据来帮助解释任何潜在的歧义。保险代理人证实，在购买保险单时，煤气站所有人明确拒绝代理人向他销售的由另一家保险公司提供的 1 000 000 美元限额的特别污染保障。代理人证实，煤气站所有人拒绝的原因是：

——他有新的地下储气罐，他认为这些储气罐可能不会泄漏；

——他正在向州污染基金支付保险费；

——他认为，他并不需要特殊污染保障。

高等法院将该案件退还初审法院重审，并要后者考虑，该外部证据能否消除关于 CGL 保险单的绝对污染除外条款是否适用于该污染索赔案件的歧义。

2. 核保人的陈述

在评估当事方对保单语言的理解时，可以采用核保人对保单项下的保障范围的陈述这一外部证据。在 1994 年的孟山都公司诉国际保险公司案件中（Monsanto Co. v. International Ins.Co.，1994），被保险人曾经考虑购买责任保险单，该保险单将被保险人在其不再拥有以及不再实际控制的场所之外的任何地方发生的，由于其所提供、修理、更改的商品、物品或其他东西所造成的损失除外。

被保险人和代理人询问，是否该除外条款适用于被保险人销售给废物处理厂的废弃物。核保人以书面的方式向前者做了肯定的答复，该除外条款不适用于这种情况。没有人想到需要用批单确认这一点，因为核保人的书面解释在行业中被认为与批单的作用一样。根据核保人的确认，被保险人购买了保险单。

后来，该废物处理厂被宣布为超基金项下的受污染场所（Superfund site），被保险人有义务分摊清理费用。但是，理赔部门根据上述除外条款的规定，拒绝承担赔偿责任。

法庭认为，被保险人、代理人和核保人之间的通信与保险单项下的保障范围相关,可以采用,因为"它们会帮助法庭解释在签订合同之前双方的意图,以及帮助确定双方对保障范围的理解"。

五、为其他目的提供的外部证据

除更改合同意图,口头证据规则并不禁止为其他目的提供证据,比如为了显示错误或为了证实过错行为、根本不合理、不合法或未达成一致。

1. 保险承诺书

保险承诺书(insurance binder)或暂保单(cover note)是临时性保险合同,设计用来提供保险保障直到保险人签发了实际保险单,确认被保险人获得了保障为止。

通常情况下,承诺书并不包含所有需要的条款和条件以完全了解所提供的保障程度。它可以指出保险公司打算出具的特定保障附表,或者可以不提及任何保障附表,在后一种情况下,法庭会假设保险公司拟签发自己的标准保险单。因为承诺书本身不完整,口头证据规则并不禁止采用外部证据来更加详尽地解释保险条款。

2. 条款修订

口头证据规则仅适用于合同签订之前或之时而不是签订之后的陈述,除非被书面合同条款所禁止。法庭接受在签订原合同之后合同双方同意修改或甚至解除原合同的证据。如果在书面协议达成后,所作的口头或书面陈述与合同签订或修改后双方对合同的理解相关,这种陈述是可以考虑的。法庭很看重双方根据他们的行为所表现出来的对合同的解释。

比如,在劳工补偿保险单项下,保险公司有义务对任何索赔进行调查。比如,假如雇员在工作中受伤,雇主按照标准程序对伤者进行毒品测试,劳工补偿保险公司对雇主的毒品测试费用予以补偿。如果保险期间内受伤的雇员将来接受毒品测试,保险公司也有义务对该费用予以补偿。该保险公司的过去行为意味着，雇主在解释保险公司事故调查义务时会认为，后者的义务还包括赔偿毒品测试费用。如果今后在类似的案件中保险公司拒绝赔偿测试费用，法庭将根据禁止反言（estoppel）原则，对保险公司的行为不予支持。

3. 错误

指出在草拟书面合同时出现的错误，或者指出合同副本并不是真正的副本的证词是允许的。法庭会纠正语法上的明显错误。因此，如果机动车保险单项下所承保的车辆明细表对保单持有者拥有的车辆的描述不正确，法庭会接受用来表明当事方打算承保保单持有者实际拥有的车辆的证据。

4. 过错行为

如果有证据表明，在签订合同上存在欺诈、胁迫、不当影响或误述行为，口头证词规则并不禁止这种行为的证词。比如，广告册暗示，保险公司提供的保障承保水渍损失，但实际上并不承保。法庭会禁止保险公司声称，保险单将水渍损失除外。

5. 根本上不合理

如果证据表明，合同条款的结果是不合理的，法庭会接受这种证据。比如，保险单承保错误终止雇佣合同的责任，但又将保障限于因过失或遗漏所产生的责任。如果证据表明，错误解雇本身是一种故意侵权行为，以支持故意行为除外条款是不合理，也是不可执行的，法庭会支持这种证据。

6. 不合法

即使合同表面上看来是合法的，法庭也会考虑外部证据，以调查是否合同实际上是不合法的或违反公共政策的。比如，可以引入证据以表明财产是走私来的，或者被保险人正在或打算将财产用于非法目的。

7. 未达成协议

表明不存在合法和有约束力的协议的证据是可接受的。比如，保险公司的代理人和房主同意，直到由其他保险公司签发的前一份保险单解除后，新保单才开始生效。代理人将保险单递交给家主,但是家主并未解除前一份保险单。如果证据表明,在家主和签发新保险单的保险公司之间并不存在合法和有约束力的协议,法庭会接受这种证据。由于第二份保险未生效,第一个保险公司不能要求第二个保险公司分摊损失赔款。

文框1-2

文件记录

保留导致签订保险合同的对话记录及谈判记录对双方都很重要。这些证据在协助法庭解释存在不明确含义的保单语言上很有帮助。而且,这些记录可以支持对以欺诈、显失公平的方式,以及用其他理由撤销或改变保单语言的指控。

六、相关性和重要性

外部证据必须具有相关性和重要性(Relevance and Materiality)才能予以考虑。

——相关性证据是指能够证实或反驳所声称的事实的证据;

——重要证据是指对案件的法律问题具有重要性和结论性的证据。

事实可能是相关的,但是对案件的法律问题无关紧要,使得该事实失去其重要性。比如,被保险人经诊断发现患有严重疾病的证据对是否适用于"事先知道患病"这一问题是重要的,当然,这种证据对关于保单的成本的争议是不重要的。

双方签订合同时的环境是重要的,因为该环境会对双方的客观意图产生重大影响。在保险方面,法庭检查的内容包括以下几项:

——订立合同时所存在的条件；

——当事人订立合同的目的；

——保险标的；

——当事人的情况。

假设保险标的是海洋运输货物，法庭会注意一些特殊的解释规则，以确定合同语言的含义。虽然法庭的权力各不相同，但多数法庭采用的是管理如何解释海洋运输保险单的规则。这些规则包括由英国海洋法而不是美国或其他州法所确定的原则。法庭假设，保险公司和保单持有者都打算使海洋运输保险条款的含义在全世界范围内保持一致。

在合同解释过程中，法庭使用各种工具来提供帮助，如词典或其他参考资料。损失或索赔方面的信息在确定是否因损失或索赔而触发保险责任这一问题上是重要的。

第二章　基本保障分析

第一章讨论用来指导保险保障分析的几种基本原则。它解释道，合同是私法，由当事方自愿订立，法庭在解释合同时的主要工作是确定和应用当事方订立合同的意图。合同表述本身是当事方意图的最佳证据，尽管外部证据可以考虑，以帮助澄清合同的含义。

这些基础原则明确了法庭在进行保险保障分析时采用的基本方法，这些方法在本章中介绍。

首先，法庭会假设，在无特定保单定义的情况下，合同当事方希望，他们在合同中使用的普通词语采用的是一般的日常含义。这就是所谓的"普通意义规则"（Plain Meaning Rule）。

其次，法庭会假设，当合同双方使用可以明确识别的技术或法律词汇时，他们希望法庭赋予这些词汇特别的含义，称为"特别意义规则"（Special Meaning Rule）。

最后，如果合同表述完全无法理解，法庭缺乏确定合同双方意图的基础，它们会拒绝执行难以理解的合同条款。

第一节　普通意义规则

普通意义规则（Plain Meaning Rule）是合同法或成文法解释原则，它要求法庭根据语言的一般性定义和用法来确定一个表面看来清晰的条款的含义，而不希望用外部证据来帮助解释该条款。

根据普通意义规则，保险单按照其普通、一般和通俗的含义去阅读，就像一个作为理性之人（reasonable person）的保单持有者，按照其对词汇的理解那样去阅读。假想的理性之人拥有英语语言一般用法的知识。审理案件的法官会凭借自己的理解给词语下定义，而且在他认为需要时，会接受英语语言一般用法的词典定义。词汇的异国定义不适用于普通意义规则。

在2000年的国际多种食品商诉商业联合保险公司案件中（International Multifoods v. Commercial Union Ins., 2000），法庭对普通意义规则做了如下解释：

"普通意义规则是以良好的政策为基础，该政策赞成商业文件解释的可预见性。如果合同当事方要合适地安排和计划它们的商业活动，他们必须能够借助他们所签署的协议中通俗易懂的语言。"

一、一般性词汇

如果在保险单中使用一般性日常词汇，法庭会假设，合同双方希望按照它们的普通、一般含义使用它们。如果没有其他原因造成词语解释上的困难，双方就会采用这种一般性含义。由于合同条款的含义是法律问题而不是事实问题，在司法实践上，法庭从一般性词义开始审理案件。以下是几个法庭采用一般理解的词义的案例：

1. 称谓

在2009年的通用煤气公司诉沃兹尼亚克旅游公司案件中（General Gas. Co. v. Wozniak Travel, 2009），以J. R. R. 托尔金小说的霍比特人为商标的一家公司起诉一家小型旅行社，后者以"霍比特人旅游"的名义从事业务活动。法庭采用普通意义规则，要求CGL保险人为侵犯托尔金先生的小说商标权的旅行社抗辩。

2. 存货

保单持有者用于安装灌溉系统的材料在工地上被盗。保险单承保被保险人的场所之外的除了存货以外的个人财产。保险公司辩称,"存货"一词是指企业买卖的货物。但是法庭判决,保单持有者并不正在销售这些材料,而是在安装它们。因此,法庭认为,既然材料不是存货,则场所外保障适用于该材料被盗。

3. 屋顶

在2005年的阿金斯基诉农民保险交易所案件中(Aginsky v. Farmers Ins. Exch., 2005),承包商拆除了被保险人的公寓屋顶,并用塑料布及临时屋顶结构将露天的地方遮盖住,该结构包含敞开的木框墙以及搁栅系统,像一座天桥。一场风暴中,大风将临时结构下面的塑料掀开,雨水灌进楼房。商业财产保险单仅承保"一旦建筑物的屋顶受到损坏,雨水从损坏处进入"导致的水渍损失。

法庭认为,按照普通意义规则,"屋顶"一词的一般定义需要有永久的结构。法官表示:"由木框和塑料布构成的临时结构从理性的人角度看,并不认为是屋顶。"因此,按照保险单的普通意义,由于雨水并未从屋顶进入房屋,保险单对此不提供保障。

4. 作为全日制学生被招收

在2002年的美国保诚保险公司诉圣克鲁斯城高等法院案件中(Prudential Ins. Co. of Am. v. Superior Ct. of Santa Cruz Cty., 2002),被保险人的女儿在圣巴巴拉市加州大学大一秋季学期时,在一次汽车事故中受伤。她的父母亲声称,他们的女儿有资格在她父亲的团体医疗保险计划项下获得受抚养者保障,该计划承保达到大学生年龄的作为全日制学生的子女。

但是证据表明,其女儿在春季学期时条件低于获得保障所必需的最低标准,大学将她列为"专业不合格"。教务长通知她,由于她不合格不能继续在大学念书,除非她申请秋季"恢复入读"。但作为应对,她向学校提交了"打算取消注册通知书"。在所附的一封信中,她解释道,由于一些私事,也为了节省学费,她不打算继续在学校上秋季课程,但是她打算明年申请恢复学籍。

法庭采用普通意义规则,并确定,按照一般语言表述,"作为在校全日制学生"是指,其女儿得"注册在校并经常听课"。但是,她取消了自己的学籍,在秋季发生事故时她并没有听课。她有资格恢复下一年的学籍并不意味着她仍然在学,她是"事实上被批准离开学校"(de facto approved leave),而打算明年回校并不使她成为全日制学生。

5. 正在建造的新楼房

在 1998 年的 GTM 公司诉跨大陆保险公司案件中(GTM, Inc.v. Transcotinental Ins. Co., 1998),正在翻新的楼房发生财产损失。保单持有者在商业财产保险单的扩展保障条款项下提出索赔,该保险单适用于"在所描述的场所内正在建造的新建筑物"。法庭采用普通意义规则,认为保险单不用负责,因为"为了新的使用目的,将原来的建筑结构翻新和修理",按照一般含义并不构成新的建筑物。

二、使用词典

在确定保险单中未定义的词的普通、一般含义时,法庭经常参考词典解释。特别是当大家对词的细微差别达不成一致时,标准词典在评估保险责任诉讼案件中涉及词语的定义时是很有用的。

1. 家用器具

比如,在 2009 年的阿姆斯特朗诉爱达荷农民保险公司案件中(Armstrong v. Farmers Ins. Co. of Idaho, 2009),被保险人的游泳池坍塌,对其已竣工的地下室造成水渍损失。家主保险单仅承保"从家用器具中"突然和意外泄漏造成的水渍损失。

被保险人辩称,"器具"一词的定义是"为了实现某一特定功能的装置",也包括游泳池,因为它是为了实现水上练习和娱乐。

法庭不同意。在确定"家用器具"(household appliance)一词的含义时,法庭参考了以下词典解释:

根据布莱克法律词典(Black's Law Dictionary,2004 年第八版第 744 页),"家用"的定义是"属于房屋和家庭;家庭的";

——在美国传统英语词典中(American Heritage Dictionary of the English Language,2006 年第四版第 87 页),"器具"的定义是,"涉及用来发挥某种特定功能的装置或工具",特别是电器装置,如家用烤箱";

——未经删节的韦伯斯特第三版英语国际词典(2002 年版)将"器具"定义为"一件设备,它能使工具或机器用于特殊目的;配件、固定装置、附件,它们是为了特定目的而特别设计的工具、器械或装置;消防装置;采用动力(特别是电流)的家庭或办公器具、器械、设施或机器(如吸尘器、冰箱、烤箱和空调)";

——韦伯斯特新大学词典第二册(1995 年版第 55 页)将"器具"定义为:"装置,特别是电动的,设计作为家用的那种";

——布莱克法律词典(1968 年第四修订版第 127 页)将"器具"定义为"用来操作它的机器或所有工具……;为了达到某种目的而使用的东西;一种机械性的东西,一种装置或器械"。

注意所有这些定义的共同要素。"家用器具"并不仅仅是任何种类的,为了实现某种功能的装置。"家用器具"是一种"手持工具、器械或大件设备,经常用电操作以完成特定的家庭功能"。法庭认为,这些表述都指的是"一种装置,如烤箱、电动开罐器、食品加工器等,它们都是用来实现某种特定功能,如烤制、切和砍"。

反之,游泳池并不是手工用具,或者一件设备,并不用电,并不用来实现某种家庭功能,而且除了被动储水之外,没有做任何事。因此法庭认为,"普通人日常使用的'家庭器具'这一短语,并不包括室外地面游泳池"。

2. 随后发生的火灾

在 2001 年布鲁斯·奥克利公司诉农田相互保险公司案件中(Bruce Oakley, Inc. v. Farmland Mut.Ins.Co., 2001),工人从大型储料仓卸大豆时发现,该储料仓有几处地方像"橙色的炭火一样"。植物病理学家证实,在潮湿、缺乏空气的大豆上霉菌产生了热反应,导致温度上升致使大豆发热、燃烧。财产保险单将"潮湿造成腐烂和发霉"除外,但承保"随后发生的火灾"。有些词典将"火灾"定义为包括任何形式的,伴随着"红光"(ruddy glow)或"光亮"(light)的燃烧。由于词典并未将"火灾"的定义限于存在火焰,法庭认为,根据保单的普通意义,伴随着热的橙色光亮属于"随后发生的火灾"。

3. 分包商

在 1991 年的宾夕法尼亚州匹兹堡国家联合保险公司诉结构系统技术公司案件中(National Union Ins. Co. of Pittsburgh, Pa. v. Structural Sys.Tech., 1991),被保险人雇用了一家非关联公司预制钢部件以安装在电视转播塔上。由于有些该预制厂生产的斜钢杆存在缺陷导致转播塔坍塌。CGL 保险单将"对你的工程的财产损坏"除外,你的工程在该案件中就是转播塔本身,但有一种例外是,"如果该工程的损坏是由于分包商代表你施工所造成",保险保障则可以恢复。

分包商一词并未定义。保险公司辩称,分包商一词应当给予其技术上的含义。保险公司指出,布莱克法律词典在分包商和中间商之间画出一条界限。由于钢件预制厂为项目提供材料,但并不从事任何安装工作,保险公司辩称,该预制厂是中间商而不是分包商。

法庭不同意,认为根据普通意义规则,"分包商"一词应当给予其一般词典的含义。法庭参考了以下词典：

——韦伯斯特新大学词典第二册（1984年版）对"分包商"的定义是，"某人签订了分包合同并承担主承包商的部分义务。"

——布莱克法律词典1593页（1968年第四次修订版）对"分包商"的定义是，"某人为实施他人的行为签订了合同（不管是明示还是暗示），而后者已经为实施该行为签订了合同"。

作为被保险人承包建造转播塔的一部分的工程图要求预制斜钢杆。被保险人和钢件预制厂签订了分包协议从事该部分工作。因此，钢件预制厂有资格作为"分包商"，"分包商"例外条款适用保险单承保倒塌的转播塔。

三、词义有冲突的词典

有时，不同词典中对某个词语的定义不一致。发生这种情况时，法庭会完全不采纳这种有冲突的词典含义，宁可以其他理由作为合同解释的基础。

在1992年的东部传播公司案件中（In Eastern Transmission Corp., 1992），法庭考虑是否在污染责任免除的例外条款中，"突然"（sudden）一词包括一种时间元素。也就是说，如果"突然"指"快"或"意外"，那么对多年发生的逐渐污染就不提供保障。争议方摘录了以下词典中有冲突的定义：

——布莱克法律词典（1979年版第1284页）对"突然"一词的定义是："在无事先通知或非常简短通知的情况下发生；在不可预期、不可预见、无准备的情况下出现或发生"；

——韦伯斯特新河边大学词典第二册（1984年版第1157页）的定义是："在无警告的情况下发生"；"匆忙、突然"；"短时间内发生"或"非常快以及难以预料"。

法庭认为，"这两种定义无法完全一致"。因此不采用它们。有一位法官是这么说的：

"经常会发生这种情况,即不同的人阅读同样的词在不同词典中的定义,会对该词形成不同和独特的解释。这种情况并不意味着,每一种定义本身都是合理的。因此对这种有冲突的词典定义,我并不看重它们。"

多数家主保险单将由于"虫害"(vermin)造成的财产损失除外,但是保险单并不对"虫害"一词下定义。"虫害"一词来自拉丁语"vermis",意思是"虫"(worm)。"Vermin"的原意是类似小昆虫那样的动物,它们令人讨厌,难以控制,就像苍蝇、蛆、蟑螂、跳蚤及虱子。随着时间的推移,该词还指老鼠。现代词典不同意"虫害"一词可以扩展包括小型有害哺乳动物,如臭鼬、浣熊、松鼠或蝙蝠。因此,法庭通常拒绝接受有冲突的词典定义,认为"vermin"一词并不包含它们。

四、多重词典条目

词典中的词语可能有不止一种含义。如果词语有两种以上公认的含义,词典会将它们用序号列出来。这种序号并不表示它的重要性层次,或者一种含义优于另一种。法庭会根据该词的使用选择最合适的解释。

在1988年的消防员基金保险公司诉爱克赛罗公司案件中(Fireman's Fund Ins. v. Ex-cell-O Corp., 1988),法庭被要求对污染责任除外条款的例外条款中的"突然和意外"一词作出解释。保单持有者引用了韦伯斯特大学词典(1987年第九版)第一条的解释,它将"突然"(sudden)定义为"在未预料的情况下发生或出现",而不是"快"(quick)或"突然"(abrupt)。保单持有者辩称,第一条定义应作为首选。

法庭不同意,认为,将词典中的词义用数字和字母分开并不是对该词的重要程度进行评估和确定。该词的最佳含义应当是最贴近它在上下文中真正表达的意思。

以下是一位法官在另一个案件中不同意见的表述,它说明了在错误的语义环境中使用正确的词典定义会导致荒谬的结果：

"让我们假设，我有一份保险单，它将狗造成的伤害除外。有一天我受到一只暴躁的狗的攻击，我觉得最好让保险公司帮我支付医疗费，但是保险单又有讨厌的除外条款。不用担心，我打开词典，注意到'狗'一词的定义中有一条是'壁炉中盛木柴的铁架'。我现在能够信心满满地声明，对'狗'这个词，有一个一致和相同的解释，那就是它的确切含义是'壁炉中盛木柴的铁架'。任何有这样辩解的人，都会在法庭上被人一笑置之。并不是因为'狗'不能指'壁炉中盛木柴的铁架'，而是因为保险单中对于'狗'的合理解释必须包括犬属类的成员。"

第二节　特别意义规则

如果理性的保单持有者明显意识到某一词语是一种技术或艺术词语，法庭会采用它的技术含义。特殊意义规则（Special Meaning Rule）认识到，合同词语可以是技术性的，或者某些词语的用法对某种贸易或行业是特定的，或者这些词汇具有与普通词汇不同的法律含义，这种情况下，法庭会采用这些词在该贸易中的习惯用法，或采用它们所确定的法律含义。总之，声称某一词语具有特别含义的一方有义务证明这一点。

一、行业术语

第一类特殊词语涉及在特定贸易或经营中具有特殊含义的术语。不论何时保险单使用类似术语，法庭会假设合同双方理解该词语的特殊含义。在2008年的阳光公司诉利宝相互保险公司案件中（Sunbeam Corp. v. Liberty Mut.Ins. Co., 2008），法庭是这样解释的：

"行业惯例或行业用法经常与解释商业合同相关，也是可接受的，而且在合同表述中不能出现明显的模糊性。如果词语在特定行业中具有特殊的含义或用法，那么从事该行业的成员被认为以该特殊的方式使用它们，而不管它们在一般用法中是什么意思，以及是否这些词语存在歧义。"

以下是法庭按照它们的特殊含义使用特殊行业术语的案例。

1. 竣工

在向承包商签发的建筑商风险保险单中，竣工（Completed）一词并无定义，法庭采用该词在建筑行业上的用法。法庭拒绝保险公司（或条款草拟者）在协议中同意，竣工一词具有标准含义。保险公司应当知道，竣工一词从保单持有者的观点上看，是具有特殊含义的。

2. 共用区域

责任保险单的"谁是被保险人"这一条款中，购物中心的租户在指明被保险人使用的"共用区域"（Common Area）中是额外被保险人。该指明被保险人从事房地产业务。一位租户的雇员在该区域内受伤，指明被保险人并无过错。在裁定是否意外事故在"共用区域"中发生时，法庭可以采纳该词在房地产行业中的习惯用法，在租赁业中的含义，以及在指明被保险人的业务中所具有的特别含义。

3. 施工经理

从涉及特定行业或专业的保单标题上可以推断出，保险单会采用该行业或专业的词语。保单章节的标题也会表明合同双方打算采用的特殊含义。比如，总承包商的错误和遗漏责任保险单（E&O）将承包商在作为施工经理从事被保险人的业务时的任何行为、错误或遗漏所引起的责任除外。法庭在确定施工经理的定义时，可能采用美国建筑师学会以及总承包商协会所颁布的"建筑管理"中的定义。

4. 拖船经营人

在1971年的梅诉芝加哥保险公司案件中（May v. Chicago Ins. Co.,

1971），一艘拖带驳船的大型拖轮在通过河流的某一地段时无法航行。大型拖轮的船长请公司的另一艘小拖轮帮忙。当小拖轮到达时，船长上了小拖轮为其引航，并拖着驳船继续下一段逆水航程。由于船长的错误，驳船撞到桥梁，造成桥梁结构损坏，船长个人对奥尔良州政府承担责任。

船长声称他在承保小拖轮的"拖轮保单"项下是被保险人，保险单扩展承保小拖轮的经营人。他辩称，根据普通意义规则，经营人一词的普通、一般含义包括引航小拖轮的任何人。

法庭不同意。保险专家证实，经营人一词显然被认为是特别术语，它在海洋运输中具有一般可理解的含义。专家解释如下：

——标准的"拖轮保险单"在第二次世界大战结束后不久在太平洋西北岸制定；

——当时缺少船舶，拖轮公司通常相互借用拖轮，而不用正式租约，这种非正式的借用通常是短期或单航次的；

——行业上的理解是，在这种情况下，有权借用拖轮的公司在保单项下被认为是"经营人"。船长和船员是个人，他们不被认为是"经营人"，即使他们操作或控制借来的拖轮。

根据以上证词，法庭采用普通意义规则，认为保险单对大型拖轮的船长不提供保障，因为他不是借用小拖轮的公司实体。

二、保险术语

不足为奇，保险单中大量采用保险术语（insurance terms）。也就是说，保险单中有许多词语，它们特别适用于保险业。许多词语只能按照它们的技术含义去理解。以下是一些例子。

1. 解除

解除一词是特殊的保险术语，法庭认为它在保险业中有明确的定义。

比如，在 2008 年的尼科尔森房地产公司诉农民保险公司案件中（Estate of Nicholson v. Farmers Ins. Co.，2008），保险公司辩称，保险单不提供保障，因为家主保险单在 2005 年 8 月卡特琳娜飓风造成损失之前就已经终止。保险公司向家主寄送了续保通知，但是后者从未支付续保保险费。

家主辩称，保险公司未能遵守保单条款的约定，该条款要求向他寄送解除通知书。他认为，解除一词的普通、一般含义是终止保险保障，以及当保险期间结束时，保险责任被解除。

联邦法院不同意。它认为，"解除"（cancellation）一词明显是保险术语，意指"合同保障终止日之前，不管任何原因，保险公司单方终止保险合同项下的保障"。因此，法院根据特殊含义规则采用了该词的技术含义，并认为，保险公司并未在保险期间单方解除合同。由于家主未采用必要的措施——如支付续保保险费，致使保险单在保险期间结束时终止。因此，无须要求保险公司寄送解除通知书。

2. 不续保

同样，不续保（nonrenewal）一词也是一种术语，它在保险上有特殊含义。

在 1992 年的安泰损害和担保公司诉梅里特案件中（Aetna Gas. & Sur. Co. v. Merritt，1992），共有单元房所有者在 1987 年的一场火灾中被烧伤。他们起诉开发商，后者设法在 1984 年版的 CGL 保险项下寻求保障，该保险单在共有房项目建造期间生效。虽然人身伤害并未发生在相关的保险期间（需要用来触发标准事故发生制保障），开发商指出，1984 年保险单附有特殊批单，它约定：

"本批单所附贴的保险单将不受不续保限制，除非在不续保通知生效前 30 天，通过挂号信向洛杉矶市检察官提交不续保书面通知，并退还所要求的收据。"

开发商辩称，1984年的CGL保险单项下的保险保障并未合适地终止，因为保险公司未向市检察官提供必要的30天不续保通知书。

第九次巡回法庭不同意，它认为：

不续保是一种技术词汇，意指保险公司通知，它不愿意续保保险单。这是一种管理加州机动车保险单的法律定义（加州保险法典）。我们将该机动车规则放在这里类推。1984年版保险单终止并不是不续保而是满期。安泰未通知不续保，并不等于无限期延长保险期限，而且还不用缴纳保险费。

3. 已分摊的损失理算费用

在判决是否合同双方表明，他们愿意接受一般或法律意义之外的词义的意图时，法庭会考虑采用证据。比如，回顾性定费计划（retrospective rating plan）批单中有一个词称为已分摊损失理算费用（Allocated Loss Adjustment Expenses）。保险单并未对该词下定义。法庭认为，可以采用外部证据来确定合同双方对争议条款的意图的理解。

文框 2-1

使用保险技术词汇

由于作为合同一方的保险人十分了解保险专业术语的含义，法庭不太会自动按照技术含义来解释这类术语。如果保险公司使用保险俚语，就会存在该俚语既有技术含义也有一般含义的争议风险。除非保单草拟人对保险俚语予以明确定义，否则他们应当避免使用俚语。

三、法律术语

保险单中的另一类特殊词汇是法律术语（legal terms）。以下是法庭已经确定的法律术语的一些例子。

1. 商业外观

标准的 CGL 保险单为因在广告中"侵犯他人的商业外观"导致的索赔提供保障。保险单对"商业外观"（trade dress）一词未下定义。而它又没有普通、一般含义。因此，它是一种联邦法律项下涉及某种类型的不公平竞争方面的特殊词汇。

按照法庭的意见，"产品的商业外观本质上是它的整个形象和整体外观。它涉及产品的整个形象，可以包括类似大小、形状、颜色、质地、图形或甚至特别销售技术"。

假设被保险人设计了一种产品，该产品在外表上模仿了另一种产品，而且在广告上宣传，使公众无法区别这两种产品。另一种产品生产商可能因为被保险人的上述行为导致市场混淆向后者提起诉讼。由于标准的 CGL 保险单扩展承保因广告中侵犯他人的商业外观所遭受到的索赔，保险人要为被保险人抗辩。

2. 商标口号

保险单中还有一种法律术语称为"商标口号"（trademarked slogan）。在一般语言中，人们不太使用它。该词是商标法中的一个专业法律词汇。

在 2001 年的雨果·波士时尚公司诉联邦保险公司案件中（Hugh Boss Fashions, Inc. v. Federal Ins. Co., 2001），波士制衣公司（工业和室外服装制造商）起诉雨果·波士（高档男装制造商），因为后者销售的产品贴有"波士"商标。达成 2 000 000 美元的赔偿协议后，雨果·波士在 CGL 保险单项下寻求补偿，因为该保险单承保"对商标口号的侵犯"。

第二巡回法庭认为保险单不用负责。法庭首先注意到，商标口号明显是一种认可的，联邦商标法项下的法律术语。在采用特殊意义规则时，法庭表示，"如果合同方所使用的词汇或概念在联邦法中已经根深蒂固，而且没有明确的相反的标志，我们可以假设，联邦法中的流行定义将首先采用"。

联邦商标法将商标口号定义为用来提高房屋或产品的名声的词语，而不是单独的房屋或产品名称本身。法庭举了以下例子：

——短语"说做就做"（Just Do It）可以作为一种口号，因为它提高耐克产品的名声而不用"耐克"一词，而"耐克"是家喻户晓的名称的一部分。

——短语"没有我们不要离开家"（Don't Leave Home without Us）也是一种口号，因为它提升美国运通公司的名声而不使用"美国"和"运通"这两个词，后者是家喻户晓的名称的一部分。

相比之下，"波士"是波士制造公司这一家喻户晓的名称的一部分。在联邦商标法项下，它不能作为商标口号。因此，雨果·波士使用"波士"一词并未侵犯波士制造公司的商标口号，CGL 保险单不用负责这 2 000 000 美元的赔偿金。

3. 不动产

在 2001 年的美国股票保险公司诉万·金霍芬案件中（American Equity Ins. Co. v. Van Ginhoven, 2001），房主声称承包商在抽掉游泳池中的水时存在过失。当时的水位压力造成游泳池从地面凸起受损。承包商的 CGL 保险单将"您所操作的那部分不动产"的损坏除外。

法庭采用了特殊意义规则并认为"不动产一词是明显可理解及有定义的法律术语。布莱克法律词典对不动产（real property）一词的定义是'土地以及在地面上耸立或生长或附着的任何东西'。根据该定义，游泳池是不动产"。因此，保险单不承保游泳池本身的重置费用。

4. 合伙制解散

在 2003 年的波普金与斯特恩案件中（Inre Popkin 和 Stern, 2003），律师事务所的合伙人召开会议，会上所有的合伙人一致决定终止合伙生意。他们签署了辞职信并立即生效。7 天之后，他们遭到执业过失索赔。

事务所的职业责任保险单规定,"如果指明被保险人被解散,其身份发生了变化",保险责任终止。保险公司争辩道,根据普通意义规则,理性的保单持有者会认为,从合伙人在会议上签署辞职信那时起,指明被保险事务所就解散了。

法庭不同意。在采用特殊意义规则时,法庭注意到,"解散"(dissolution)一词是法律术语,描述如何以合法方式终止合伙关系。特别根据被保险人都是律师这一事实,法庭认为,他们显然意识到,该词正用在法律意义上。

根据密苏里州合伙关系法,合伙制只能通过合伙协议中规定的程序解除。在该案件中,合伙协议规定,合伙制可以按照:(1)合伙人提早60天通知退出合伙制;(2)2/3合伙人投票正式终止合伙关系。

但这些事件都未发生。辞职信旨在立即生效,所以没有一个合伙人发出所要求的60天通知,以及事务所并未采用投票方式正式终止合伙关系。因此,法庭的结论是,事务所并未根据密苏里合伙关系法正式终止合伙关系,保险单在非正式辞职会议之后继续提供保障。

文框 2-2

何时采用法律含义

根据遵循先例原则(the doctrine of stare decisis),过去解释保险单特定词语的司法判决可以控制该词语的含义。进而言之,如同以下第五章中所讨论的那样,公共官员的行政解释应当予以充分考虑。

是否其他法律领域中的法庭判决对保险合同的解释产生影响?除非保险单有不同的规定,州刑法定义可以用来解释欺诈和盗窃犯罪行为。同样,州侵权法可以控制对责任保险单的解释。

四、非认可的法律词汇

在第一章中表明,保险合同语言必须从理性的保单持有者的角度去阅读。在考虑词语解释是否采用特别法律含义时,就会出现是否理性的保单持有者会认为该词是特别法律词汇的问题。如果不会,法庭应当采用普通意义原则。

1. 损害赔偿

举"损害赔偿"(Damages)一词为例。1973年版的CGL保险单的承保协议(insuring agreement)承保被保险人依法承担的"作为损害赔偿金"的所有金额。有一个经常被提起诉讼的问题是,是否"损害赔偿金"一词是特别法律词汇,它不适用于环境补救或应对费用。

该争议来自法律历史。英国普通法有两个完全不同的司法体系:一种是法律法庭(courts of law),成立用来听证为获得"损害赔偿金"或者侵权伤害的金钱赔偿的诉讼案件;另一种是衡平法庭(courts of equity),成立用来处理衡平救济诉讼,如禁令,它不涉及金钱损害赔偿。

根据该历史,有些人采用特殊意义规则,将1973年版CGL保险单承保协议中的"损害赔偿"作为技术、法律术语,仅指金钱损害赔偿。按照这种方式解读,CGL保险单仅承保类似历史上的法庭所判决的被保险人支付赔款的责任,而不承保为遵守衡平禁令或类似的法庭救济令所支付的费用,这些费用由历史上的衡平法庭判决。

执行环境执法机构的治污令所支付的费用,类似执行衡平禁令所支付的费用。该费用在普通法中本不该分类为"损害赔偿金"。有些人因此得出结论,此类费用不再在1973年版的承保协议下承保。

多数法庭并不接受这种解释,因为一般保单持有者不会完全了解这种历史上的区别。在1991年的安泰损害和担保公司诉品特拉公司案件中(Aetna

Gas & Sur. Co. Inc. v. Pintlar Corp.，1991），法庭是这么说的：

"词典定义指出，在一般人使用的词汇中，损害赔偿金一词的普通意义应包括环境污染应对费用。这是因为损害赔偿金一词按照通常想法，并不存在衡平和非衡平救济的区别。任何以古代的法律和衡平之间的区别为基础的损害赔偿金一词的定义（如保险人现在所提议的），在理性谨慎的外行人眼中，很难是一般和公认的定义。"

换句话说，一般的保单持有者不会认为损害赔偿金是特殊技术词语。因此，多数法庭采用其普通、一般的含义。

2. 强行进入

另一个外行人不太理解的法律词语是"强行进入"（Forcibly Entry）。

在 2005 年的阿拉巴马西夫韦保险公司诉埃雷拉案件中（Safeway Ins. Co. of Ala. v. Herrera，2005），被保险人的妻子将她的小型货车停在餐馆门口。她将车钥匙插在车上，让它一直启动着，然后进餐馆找家人。某人盗窃了她的车辆，后来找到时发现车辆损坏了。被保险人在其个人机动车保险单车损险项下提出索赔。但是，如果窃贼在"无须强行就能进入"（forcible entry was not required to gain access）的情况下盗窃车辆，保险单则将其除外。

被保险人辩称，强行进入一词在刑法中是一个技术词汇，它的含义可以包括以平和的方式进入，但非法地不让业主拥有。他要求法庭采用特殊含义规则，并认为，盗贼以平和的方式强行进入车辆，然后将它开走，使得他的妻子无法合法地拥有车辆。

法庭不同意，明确拒绝了这种观点。即一般的保单持有者的理解是，强行进入一词按照刑法项下的技术含义使用。反之，法庭采用的是普通意义规则，认为"强行"的一般定义是"使用力量"。因此，由于盗贼并未用力强行进入小型货车，保险单不提供保障。

五、针对使用法律词汇的争议

除非州高等法院对特定的解释作出裁定,或者存在一致的司法解释,否则保单草拟者是无法安全地使用词语的法律含义的。

法庭可以判决,词语的法律和一般含义都是有道理的,在这种情况下,保单持有者就能选择对自己有利的词义。考虑以下案例。假设机动车保险单提供盗窃保障,被保险人的车辆被盗贼以欺诈方式盗走。法庭注意到,在新泽西州,盗贼的法律定义并不包括以欺诈方式盗窃。但是,法庭根据"盗窃"一词的普通含义判被保险人胜诉。盗窃的一般、通俗含义包括以任何不正当的方式盗取保险车辆。

同样,"费用"一词在 CGL 保险单的补充赔偿保障部分是一个容易引起争议的问题。该保障传统上适用于"所有针对被保险人的纳税费用",而且在无限额的情况下支付。保单草拟者用"费用"指称败诉方被要求支付的任何法庭费用。但是美国至少两个州的法庭曾判决,"费用"可以理解为包括一方要支付给另一方律师的费用,作为法庭判决前者赔偿的一部分。这种判决不考虑该词作为法律词语时所具有的含义,而是选择按照一般人的理解去解释它,即包括任何费用。由于这些判决结果,CGL 补充赔偿条款的表述经过修改以指称"针对被保险人的纳税法庭费用",并将律师费用从保障中除外。

也可以要求法庭确定具有多种法律定义的同一个词汇的实际含义。比如,CGL 保险单承保个人侵害索赔,个人侵害的定义包括不公平竞争。法庭认为,"不公平竞争"一词意思含糊,因为它可以指管辖商业交易的州成文法中的违法行为,或以假乱真的普通法侵权行为。有些词语也可以作为具有多种意义的法律术语,它们会造成而不是避免歧义。比如"处所"(residence)一词可以指住宅(经常居住地)或者,对公司或其他法律实体来说,也可以指营业地点。根据上下文理解，在达成正确的词语解释上，采用技术性法律词义并不比采用普通意义规则更有用。

具有法律术语身份的词语所具有的潜在危险是，它们被非故意地用于表达一种想法而不是其技术法律含义，这样它们除了作为法律俚语之外，就变得毫无作用了。这些词语如磨损（wear and tear）、内在缺陷（inherent defect）及故意行为（intentional act），经常是法庭裁定的主题。法庭习惯于采用它们已经确定的含义，而不愿意偏离以前的司法判例，按照其他的日常意义去解释它们。由于该原因，保单草拟者应当避免使用尚未确定其法律含义的词语。另外，如果以非技术方式使用技术性法律词语不可避免，保单草拟者打算给予该词已经确定的技术法律词义之外的其他意思，需要在合同中明确表示——比如，在保险单中将它们作为需要特别定义的词汇。

以下例子说明，当已经定义的词语与一般理解的定义产生冲突时，法庭是怎么处理的。一家保险公司签发了保险单，其标题为"宽泛附表店主保险单以及入室行窃和抢劫商品保险单"（Broad Form Storekeepers Policy and Mercantile Burglary and Robbery Policy）。该保险单将"行窃"（burglary）定义为"强行闯入，并在闯入地点的场所外部留下明显的痕迹"。根据该定义，保险公司拒绝了盗窃索赔，因为盗贼在内门而不是外门留下了强行进入的痕迹。爱荷华高等法院拒绝采用保单定义，并发现它与通常对"入室行盗"的理解有出入，而且与被保险人的合理预期产生冲突。如果保单草拟者将承保协议的标题以及操作语言从"行窃"改为比较专业化及描述性表述，如"盗窃并留下从外部进入的痕迹"，法庭对这个案件的判决结果可能不同。

明智的保单草拟者可以使用对自己有利的法律词语。比如，在承保无保险驾驶员、劳工补偿或其他成文法规定的利益时，保单草拟者可以用法律术语来描述法律规定的事件。法律术语比草拟者自己书面解释更能充分、简洁地表达自己的想法。

第三节　表面无法理解的文本

在解释合同时，法庭的主要作用是确定合同当事方的意思，但有些保险条款可能表面看来不可理解（facially unintelligible）（指单从文字表述上看，一般读者难以理解其含义）。在这种情况下，无法理解的文本没有任何客观意义。由于法庭无法确定当事方想说什么，它不会执行这种太模糊、不确定以至无法理解的合同条款。

一、定义重叠

保险条款表面上不可理解的一种原因是多种保单定义重叠造成混乱。

在 2002 年的电脑角落公司诉消防员基金保险公司案件中（Computer Corner Inc., v. Fireman's Fund Ins. Co., 2002），被保险人的一位技术员意外将客户送来修理的个人计算机硬盘格式化了。客户向电脑公司提起诉讼，要求索赔被清除数据的重置费用。保险公司辩称，根据"受损财产"除外条款，CGL 保险单对此不提供保障，该条款部分表述如下：

"本保险不适用于：……对受损财产或未实际遭受物质损坏的财产的损坏……"

该部分除外条款包括两个下了定义的术语，财产损坏（property damage）和受损财产（impaired property）。而受损财产的定义又包含你的产品（your product）和你的工作（your work）的定义（这些定义可以参阅 CGL 保险单条款）。法庭认为，将条款中每次出现的保单定义用术语定义替换，然后再按照以下方式重新表述这部分除外条款：

"本保险不适用于对：

以下财产的物质损坏：有型财产（包括因此导致该财产无法使用）；除

了由你生产、销售、分派或处理的任何商品、产品或财产之外的有型财产；或由你或代表你实施的工作或操作，这些有型财产由于并入了任何由你生产、销售、分派或处理的任何商品、产品或财产，或并入了你或代表你实施的工作或操作（这些工作或操作已知或被认为是有缺陷、不足、不合适或危险）而无法使用或不好用，前提是这些财产能够通过以下措施恢复使用：修理、重置、调整或拆卸任何由你生产、销售、分派或处理的任何商品、产品或财产，或由你或代表你实施的工作或操作，或未遭受物质损坏的财产。"

但是当该除外条款重新表述后，法庭认为，该条款不但定义重复，而且混乱不堪，以致不能使用。法庭表示：

"考虑到向本庭提交的条款所体现出的，在解析消防员基金保险公司保险单上的难度，我们的结论是，本除外条款对从事计算机修理服务的理性的被保险人来说是无法理解的。我们很难相信，对向其他人传递信息真正感兴趣的任何人（不管是食谱中的信息，家用电器手册上的信息，还是合同中的信息），会采用这类保险单中费解、棘手的语言。消防员保险单的除外条款似乎设计用来，一旦发生保险责任纠纷时，向保险公司的律师提供争辩的绝佳机会，因为该保险单已经明确告知外行的被保险人，他们的保障范围受到一些限制。"由于该除外条款的表述存在严重的理解上的问题，法庭拒绝执行该条款。

二、参照无法识别的法规

如果保险条款参照的是尚未明确的法规（unintelligible statutes），该条款就失去了必要的法律依据，无法用法律规定解释，因此从表面上看是无法理解也无法执行的。在这种情况下，每一位阅读该条款的保单持有者都可能无法找到保单表述的切实含义。

比如，在1984年的格兰奇相互损害保险公司诉福尔多案件中（Grange

Mut. Gas. Co. v. Fodor，1984），被保险人要求为在自己的个人机动车保险单项下的未保险机动车驾驶员索赔进行仲裁。但是，保险单附贴了可在多州使用的修改性批单，该批单有个无诉讼条款（no-action clause），其表述如下：

"针对本公司的索赔。不能在本保障项下，以仲裁方式为获得索赔向本公司提起诉讼或采取任何法律措施，除非作为先决条件，被保险人或其法律代表已经充分履行了所有保单条款的约定，以及除非身体伤害或死亡诉讼在发生意外事故的州所适用的法定时效内提起。"

保险公司称，仲裁要求不及时，因为俄亥俄州的人身伤害诉讼法定时效规定，"身体伤害或个人财产损害诉讼应当在事故发生后两年内提出"。而被保险人的仲裁要求在发生机动车意外事故两年后才提出。

上诉法庭认为，无诉讼条款过于模糊以至无法执行，因为它并未确定适用的相关法律法规或指出被保险人必须在事故发生后两年内要求仲裁。上诉法庭指出：

"不能指望任何理性的，受过教育的非律师人士都能够理解以上所摘录的条款的含义。只有请律师来研究该问题，被保险人才可能发现，他在格兰奇相互损害保险仲裁限制条款项下的权利和义务。因此，我们认为，从法律角度看，该诉讼限制条款是不明确的，是不容易被外行人所理解的，因此无效也无法执行。"

三、语言专家

除非有不同的证据，否则法庭会假设，合同双方都知道英语的一般用法。因此，已经确定的语法规则、定义以及词语的普通和一般含义的证据都与合同解释相关。但是，这并不意味着词语的解释必须与正确（proper）的英语保持一致，应当以外行人对英语的理解作为解释合同的标准。

由于该原因，设法引入语言专家的证词的企图并不十分成功。在一个案件中，保单持有者声称条款存在语法上的歧义，因此请语言教授来为该问题提供证词。法庭并不十分支持该提议：

"在保单含义方面的语言学家和其他专家的意见，与法庭对一位理性的外行人所阅读和所理解的保险单的解释工作无关。"

在1980年的州农场火灾和损坏保险公司诉阿尔施塔特案件中（State Farm Fire & Cas. C. v. Alstadt, 1980），有个男孩在家庭暴力事件中谋杀了自己的父母亲并伤害了他的兄弟。受伤的兄弟为自己受到的伤害在父母亲的家主保险单项下提出索赔。但是，保险单中有个"任何被保险人的身体伤害"除外条款，其中"任何被保险人"的定义是："（1）保单声明中载明的指明被保险人；（2）如果居住在指明被保险人家中……双方的亲戚……"

上诉法庭认为，该表述是清楚的。伤者在保单项下是"被保险人"，因为他居住在指明被保险人（其父母亲）家中，而且他也是后者的亲戚（儿子）。因此，保险单并不承保该兄弟的人身伤害。

伤者设法引入博士鲁道夫·弗莱切的证词，后者是弗莱切可读性测试的制定者，该可读性测试已经被许多州采用，以衡量提交给监管部门批准的保单语言的明确性。弗莱切博士将自己的可读性测试标准应用于该家主保险单，并作出结论：该条款对即使是最精明、高学历的保单持有者都是无法理解的。但是，由于该除外条款对法官来说是再清楚不过了，法庭认为弗莱切博士的证词不可采纳。

第三章　首要关注的问题

第一章探讨了一些作为保险保障分析基础的基本原则。由于保险单是一种合同，法庭的主要工作是确定和应用当事人制定保险合同的意图。通常，保单词语本身构成该意图的最佳证据。

第二章概括介绍如何根据这些基本原则进行保险保障分析。根据普通意义规则，法庭认为，合同双方打算给予保险单中所使用的普通词语其一般性词典含义。根据特别意义规则，法庭认为，合同双方打算给予那些清晰可辨的技术或艺术词语其特殊含义。如果保单表述完全无法理解，法庭缺乏确定双方订立合同意图的基础，就会拒绝执行无法阅读的保单条款。

但是，如本章所讨论那样，在很多情况下，基本保障分析反而形成对合同双方从未打算过或本不可接受的解释。为了防止出现这种结果，法庭确定了一些特别需要引起关注的问题。如果牵涉这些问题，它们比基本保障分析更需要优先考虑。

第一节　目的落空

对词语进行普通意义或特殊意义的基本保障分析，首先不能被用来使保险交易的商业目的落空。合同的解释应当有利于实现双方订立协议的目的。

为实现合同分析目的，法庭所采用的标准通常对保单持有者有利。就像在一篇著名的论文中所描述的那样,"在解释保险合同时,必须记住,保险合同的主要目的是承保"。因此,除外条款,保单条件、附带条件及其他限制性条款,严格地说都是作对保单草拟者的保险人不利的解释。

以下案例表明,法庭在评估保障争议时是如何考虑各类保险的目的的。

1. 媒体职业责任保险单

在 2008 年的索尼电脑娱乐公司诉美国家庭保险公司案件中(Sony Computer Entertainment Am. Inc. v. American Home Assur. Co., 2008),一些消费者提起集体诉讼,声称索尼玩家 2(Sony's Play Station 2)存在缺陷。因此,索尼在营销玩家 2 时,对该娱乐软件能够驱动某些种类的 DVD 和游戏光盘所作的宣传,被认为是故意虚假广告或过失误告行为。

索尼辩称,产品责任索赔在其媒体职业责任(Media Professional Liability Policy)保险单项下承保,该保险单适用于多种"过错行为",其中包括"过失出版"(negligent publication)。它还声称,根据普通意义规则,"过失"和"出版"的词典定义可以合并起来用,使得"过失出版"这一短语意指"在缺乏或显示缺乏应有注意或谨慎的情况下将信息传递给公众"。根据索尼的解释,媒体职业责任保险单本该承保集体诉讼中所指控的产品责任。

法庭不同意,因为存在首要关注的问题(overriding concern)。它认为,媒体责任保障是针对媒体出版商通常面对的各种类型的索赔,如诽谤、侵犯版权等,向被保险人提供保障,而这些条款显然未提供产品缺陷保障。因此可以认为,媒体责任保险单并没有为玩家 2 的缺陷提供产品责任索赔保障。

2. 仓库保险单

在 1991 年的劳合社保险证书 80520 号核保人诉马吉公司案件中(Underwriters Subscribing to Lloyd's Ins. Cert. No. 80520 v. Maji, Inc.,

1991），被保险人在安装了空调设备的仓库里存放了苹果。按照当时的行业惯例，被保险人设法将仓库温度保持在华氏31°，并将空气中的含氧量保持在1.5%。但是，仓库里的储存条件并没有达到要求，有些苹果烂了。仓库保险单承保由于极端温度或氧浓度不合适造成所收获的农作物的损失。

保险公司辩称，根据特殊意义规则，"极端温度"及"不合适的氧浓度"是苹果业的术语，应当解释为，"严重偏离行业所接受的正常储存条件"。由于被保险人仓库的储存条件接近行业标准，保险公司辩称，保险单不负责苹果的损坏。

法庭不同意，因为这里存在首要关注的问题。由于储存条件不合适造成苹果的损坏是一种意外事故，是可保风险，也是被保险人业务的重心。法庭认为，假设合同双方打算为仓库保险单的关键词语定义，使得对原打算承保的风险保障落空，这是不合理的。因此法庭的解释是，保险单承保由于低温和氧浓度不合适的共同作用造成苹果的损坏，而不管储存条件是如何接近行业标准。

3. 财产保险单

在1986年的纽蒙特矿业有限公司诉汉诺威保险公司案件中（Newmont Mines Ltd. v. Hanover Ins. Co.，1986），由于冰雪的重压，大型采矿设施的北半部坍塌了。几天后，南半部也坍塌了。

财产保险人辩称，根据特殊意义规则，"事故发生"（occurrence）一词是一种保险术语。他们认为，两次坍塌只有一次"事故发生"，因此只有一个每次事故限额，因为同一次降雪造成冰雪在同一座建筑物的不同地方堆积起来。

法庭拒绝这种辩解，因为这里存在首要关注的问题。它注意到，保险人设法在第三方责任保险单项下用特殊意义规则来证实事故发生的次数。法庭认为，这是不可行的。

在解释财产损坏保险条款时，就像我们现在所做的那样，合同双方设法达到的商业目的是大不相同的。这种保险单的目的，简单地说，是为财产损坏提供财务保障。按照这种目的，本案双方一定曾经打算为每次意外发生的财产损坏提供保障，除非在某一时点发生的损坏是一个已经造成了其他损坏的持续发生的事件的一部分。

法庭认为，"事故发生"一词应当从商业目的角度去考虑。因此，法庭的结论是，该案有两次事故发生，每一次造成一半的建筑物倒塌，每次事故限额分别适用于采矿设备前后两次发生的损失。

第二节 多余的文字

提议对一个词语的解释不能使得另一个词语失去意义而变得多余。法庭假定，在保险单中使用的所有语言都是具有某种含义和作用的，否则这些词语就不能用。

在2009年的卡奇国际公司诉圣保罗火灾和海洋保险公司案件中（CACI Int'l, Inc. v. St. Paul Fire & Marine Ins. Co., 2009），一家军事承包商被雇来遴选以及审讯在伊拉克阿布格莱布监狱中的被拘留者。前伊拉克被拘留者在美国法庭提起诉讼，声称他们受到承包商外勤人员的拷打和侮辱。

承包商的非标准责任保险单仅承保在保险地域范围内"发生的事件以及违法行为"，"保险地域范围"的定义是指"在美国、其领土和属地、加拿大和波多黎哥"。保险公司辩称，保险单不承保在伊拉克犯下的罪行。

承包商认为保险责任适用，因为被拘留者也指控他过失雇佣和监督，而这些过失行为发生在弗吉尼亚州、加州以及美国的其他地方。

法庭不接受这种解释，因为存在首要关注的问题。如果这种解释是正确的话，保险地域范围限制就失去了意义。保险单将"事件或违法行为"的"发生"限于"保险地域范围"内。法庭通常认为，这种表述指的是伤害发生的地点而不是伤害的直接原因。否则，如果采用事实因果关系检验法，就会"使得原告将世界上发生的任何事件都纳入国内保险单的保障地域范围内，只要声称被保险人存在过失监督就行"。这对并未购买世界范围内的保障的跨国公司却是一种意外收获。因此，法庭拒绝被保险人承包商针对其在伊拉克的违法行为在责任保单项下提出的索赔。

在 2009 年的莱勒诉红盾保险公司案件中（Rhiner v. Red Shield Ins. Co., 2009），签发给庭园设计师的商业普通责任保险单承保对"临时工"造成的人身伤害，"临时工"的定义是"提供给你用来减轻短期工作负担的人"（a person who is furnished to you...to meet...short-term workload conditions）。庭园设计师以项目为基础雇用的一位工人从树上摔下并受了伤，他向设计师提起诉讼。

保险公司拒绝承担责任。它辩称，虽然该工人被雇来解决短期工作负担问题，但他并不由任何人向设计师提供。设计师未通过职业介绍所、包工头或任何其他类似机构而是直接雇用该工人。

设计师答复，根据普通意义规则，"提供"（furnish）一词的定义是"提供或供应所需的东西"。他辩称，它表明工人可以提供自己从事临时性工作。

法庭拒绝了这种解释，因为这里存在首要关注的问题。如果设计师是正确的，就完全不必要使用"提供给你的人"这一短语。该短语可以删除，"提供"一词的定义可以按照设计师所建议的那样解读，即临时工系"雇来解决短期工作负担的任何人"。但是，保险单还采用另一个短语——"提供给你的人"（who is furnished to you），因此法庭有义务确定该短语的含义。法庭最后的结论是，"提供给你的人"这一短语必须指由第三方介绍、提供的人。

第三节　荒谬的结果

在基本保障分析项下所提议的保单语言的解释不能导致荒谬的结果。法庭假定，在订立协议时，合同双方的行为是理性的，他们不会自愿接受意思荒谬的条款。

在2009年的克罗尼保险公司诉多佛室内攀岩馆案件中（Colony Ins.Co. v. Dover Indoor Climbing Gym，2009），被保险人经营一家室内攀岩馆。他的责任保险单要求，所有参加攀岩的人都要签订责任放弃或解除声明，否则保险保障对任何因此导致的索赔是无效的。但与此要求相反的是，有一个攀岩人在没有签署责任放弃声明的情况下，被允许攀登练习墙。他从墙上摔下并受了严重的伤。

攀岩馆辩解道，按照普通意义规则，它只是在技术上有义务要求攀岩者签署责任放弃声明，而不是实际上从后者获取这种声明。攀岩馆已确实要求该攀岩者签署声明，因为它建立了该操作程序。

法庭拒绝这种辩解，因为这里存在首要关注的问题。攀岩馆的解释是荒谬的。如果该解释成立，那就意味着即使攀岩馆从未实施这种程序，它也会获得保障。

在2006年的马歇尔诉西戈案件中（Marshall v. Seago，2006），祖母打算为其外孙购买一辆新卡车，她与外孙同去卡车经销商那里看车。在试车时，外孙发生交通事故并撞伤了另一个驾驶员。在经销商综合保险单项下，"客户"是不承保的，但有些例外情况。

外孙辩称，根据普通意义规则，由于祖母打算支付购车款，她是"客户"，是除外的，而他自己不是客户，是例外，因此被承保。

法庭拒绝这种辩解，因为这里存在首要关注的问题。外孙的辩解是荒谬的。他的辩解意味着，打算购买车辆的人在试车过程中是不保的，但所购买的车辆的受益人在试车过程中是承保的。这里不存在逻辑上的理由，为什么经销商的保险单应当被解读为将前者的保障排除，而为后者提供保障。

要记住，"在这个案件中，法庭并不是随意放弃用普通意义解释保单条款，而是因为这样做可能导致荒谬的结果。如果是这样，法庭必须采取措施予以避免"。

第四节　不合法

如果基本保障分析的结果会使得保险单承保不合法的活动，这是违反公共政策的。

在2005年的州农场相互机动车保险公司诉蒙大拿案件中（State Farm Mut. Auto. Ins. Co. v. Montagna, 2005），一位警察在处理社区骚乱事件时与一位嫌犯交谈。突然嫌犯跑开，并跳上巡逻车。警察向巡逻车跑去，打开车门，抓住嫌犯不让他把车开走。在这个过程中，警察受了伤。后来警察向嫌犯提起诉讼。

嫌犯设法在其个人机动车保险单项下为自己抗辩。保险单的基本保障附表为使用非自有车辆提供保障，该车辆"由驾驶人员合法占用"。然而，当警察受伤时，嫌犯并不是合法占用被盗巡逻车。

但嫌犯指出，保险单所附贴的批单约定，"责任保障也适用于操作任何其他车辆"。他辩称，根据普通意义规则，被盗窃的巡逻车可以作为"任何其他车辆"看待，因此，保险单对其提供保障。

法庭不同意，它注意到，这里存在首要关注的问题。保险单不能解释用来承保被保险人的犯罪行为。因此，法庭以狭窄的方式解读该批单条款，使得它不承保在逃离警察时非法操作被盗车辆。

责任保险不负责由于犯罪行为所直接造成的损害赔偿。但是，公共政策并不禁止作为犯罪行为的非直接结果的其他损害赔偿的保障。

在1998年的由卡西塔创建的贝克尔诉州农场相互机动车保险公司案件中（Becker by Kasieta v. State Farm Mut. Auto. Ins. Co., 1998），两个青少年盗窃了他们母亲的车辆，于星期五晚上出去开车兜风，两人都没有驾驶证。他们带上了被保险人的儿子，后者才上九年级。孩子们决定到某人家中开派对。他们闯入加油站，偷了酒精饮料和啤酒。在去派对的路上，开车的男孩加速行驶、闯红灯、快速冲过十字路口，但他失去了控制，车撞到路边栏杆，被保险人的儿子受了伤。

保险人辩称，签发给父母亲的个人机动车保险单并不承保该男孩受伤，因为这些孩子在发生意外事故时非法开车兜风，驾车的男孩无驾驶证。他闯了红灯，他们正在运输偷来的酒精饮料和啤酒。保险人认为，如果对该事件提供保障是违反公共政策的。

法庭拒绝这种辩解。没有证据表明，是这些非法行为导致男孩受伤。他们在车上装着偷来的烈酒和啤酒并未造成意外事故，警察并未因为男孩从加油站盗窃而追捕他们。男孩并未与另一辆车比赛。闯红灯本身并没有造成事故。你可以闯红灯，但你仍然安全地驾驶。由于男孩受伤是因为其开车过失而不是他们的其他犯罪行为造成，法庭认为保险单应对此提供保障。

第五节　阅读上下文中的表述

词语不能从文章中单独拿出来阅读。保单条款必须在上下文中阅读，而且要考虑整个保单内容，用每一个条款帮助解释其他条款。

在1984年的国家联合火灾保险公司诉雷诺的执行航空公司案件中（National Union Fire Ins. Co. v. Reno's Executive Air, Inc., 1984），法庭是这

样解释的:

"虽然个别条款单独看起来没有歧义,但保险单必须整体阅读,才能给予该保险单所有条款……合理和协调的含义及影响。法庭必须看整个保险合同,以真正了解保险公司承担的是什么风险,哪些风险是除外的。"

法庭制定了一整套特别规则(通常用拉丁格言表示),用来帮助解释保单语言在上下文中的含义。

一、关于相同主题的条款

这种在上下文中解释保单语言的规则称为"pari materia"格言,翻译过来就是,"关于相同的主题"(on the same matter)。它的意思是,涉及相同主题的保单条款应当一起阅读,而且尽可能将它们协调起来。

比如,在2008年的埃弗里特诉州农场普通保险公司案件中(Everett v. State Farm Gen Ins. Co., 2008),被保险人的住家被火灾烧毁,但他的重置费用保险单的住宅限额是92 300美元,不够重建房屋的费用。

被保险人辩称,根据普通意义规则,声明页中"重置费用"一词应当解读为要求保险公司支付需要用来重建他的房屋的费用,否则,保险单使用"重置"一词就是欺骗性的。

法庭不同意,因为这里存在首要关注的问题。声明页中的"重置"一词,不能置于真空中阅读,它必须在合同上下中,与确定保险人赔偿义务的保单表述一起阅读。

此外,损失理赔条款规定,"我们将在声明页中显示的保单限额内支付合理和必要的,用类似建筑材料……修理或重置费用"。将保险单中这两部分相关内容合并起来阅读后,法庭认为,保险人重置房屋的义务明显受到住宅限额的制约。

在1979年的诺依曼诉州农场火灾和损害保险公司案件中(Neumann v.

State Farm & Cas. Co., 1979），家主保险单对位于被保险人场内的财产设置了8 000美元的限额。合同双方对财产从被保险人的场所转运到另一个地点过程中的保障限额是多少产生争议。转运限额表述如下：

"本公司对场所之外的非表定个人财产的责任限额等于10%（的场所限额）的额外保险金额，但不少于1 000美元。"

保险人争辩道，根据普通意义规则，该短语"额外保险金额"指的是保险单所提供的单独转运金额，它等于10%的场所限额（10%×8 000美元=800美元），或1 000美元，以高者为准。由于1 000美元更高，保险人提议转运限额为1 000美元。

法庭不同意，因为这里存在首要关注的问题。转运限额不能单独解读，它必须与描述其他限额的类似保单条款（关于相同的主题）一起阅读。保险单至少有两个其他限额条款：

——一个限额承保房屋增加和修改部分的损失，"金额不超过场所限额的10%"；

——另一个限额承保由于信用卡伪造造成的损失，"金额不超过1 000美元"。

这两个其他限额都采用"金额不超过"这一短语。

相比之下，转运限额使用"额外保险金额"这一短语。根据上下文意思阅读，"额外"一词必须指加在场所限额之上的额度。因此法庭认为，转运限额比8 000美元多1 000美元，总共是9 000美元。

二、特定条款

保险单中的大多数表述都是一般性的，这是必要的，因为只有这样保险单才可以用于多种类型的被保险人以承保多种类型的风险暴露。偶然情况下，保险单中有个别条款，它专门用于某一类被保险人或某一种特殊风险。

法庭假定，合同双方的意图是，特定条款（specific provisions）应当优于一般条款（general provision），并控制与该特定条款相关的保险保障的实施。因此，另一个合同解释的规则是，在一般条款和特定条款之间，特定条款起支配作用。

比如，有一个保单条款将由于"缺之动力、光亮、蒸汽或制冷所造成的损失"除外。保险单的另一章承保由于公共设施公司拥有的电气设备发生意外事故对被保险人造成的损失，该设施公司与被保险人签订了供电合同。法庭支持保单持有者的索赔，认为后一个条款所提供的保障更加特定，因此优先于将保障除外的比较一般性的条款。

1. 特定定义

特别保单定义是另一个例子。法庭认为，在适用于多种风险保障的一般保单定义与仅适用于一种特定风险保障的特定保单定义之间，特定定义控制该特定风险的保障。

比如，在2008年的麦金泰尔诉安泰人寿保险公司案件中（MaIntyre v. Aetna Life Ins. Co.，2008），公司商务机飞行员经诊断患糖尿病，联邦航空管理局永久性地取消了他的飞行执照。于是，他在公司雇员利益计划项下申请长期失能利益，该计划中有以下两个"失能"定义：

——适用于所有雇员的一般定义。它要求，要达到"失能"标准，雇员不能为了工资或利益从事任何工作。

——适用于飞行员的特定定义。它声称，就飞行员而言，丧失一级医疗证书，未能通过所要求的体检，以及失去必要的许可证颁发条件，都包括在失能定义中。

雇员利益计划管理者辩称，根据普通意义规则，飞行员在适用于所有雇员的一般定义项下不属于"失能"，因为他正从事丝印业务，属于牟利工作。

法庭不同意，因为这里存在首要考虑的问题。一般定义需要与定义"失能"一词相关的其他保单条款一起阅读。保险单中没有任何地方有说服力地指出，飞行员必须满足"失能"的一般和特定定义的要求。因此，在适用于所有雇员的一般定义以及仅适用于飞行员的特定定义之间，特定定义起支配作用。法庭的结论是，该飞行员在特定定义项下属于"失能"，因为由于他的身体状况，他失去了"必要的许可证"，尽管事实表明，他正在从事牟利副业。

2. 批单

批单中的语言必须与其他保单表述一起阅读。保障附表的措辞设计得比较一般，然而批单表述使保险单适用于特定保单持有者的特定风险。如果批单与保单条款存在冲突，批单的特定表述优先于保障附表的一般性表述。如一个法庭所解释的那样：

"这些规则的制定是一般性行业惯例的结果，该惯例是先使用基本保险单，然后再附贴批单来提供专门的保障附表。基本保障附表中的标准保单条件仍然适用，这样做可以避免不必要的文字重复。但是，当为了满足被保险人和保险公司的特别需求用批单提供特别保障时，批单的语言必须表达合同双方的意图。"

三、项目清单

带有项目清单（itemized lists）的保单条款，如同列出所承保的风险事故的承保协议，或者列出不承保索赔的除外条款那样，存在特别需要解释的问题。为了解决这些问题，法庭制定了以下三种规则来帮助确定这些项目清单的含义：

——文理理解；

——同一种类；

——明示其一排除其他。

1. 文理理解

第一个解释项目清单的规则是"文理理解"（Noscitur a sociis）这一格言，它的意思是，"从关联事项中得知"（It is known from its associates.）。根据该规则，清单上词语的含义按照清单上的其他词语的含义解释。如果个人或事物与清单上的项目相关，那么该个人或事物包括在清单范围内。

在 2005 年的航空推力公司诉格拉纳达保险公司案件中（Aerothrust Corp. v. Granada Ins. Co., 2005），法庭认为，"根据文理理解原则，清单上一个词的含义按照与它放在一起的其他词的含义理解时，必须检查一连串概念中所使用的其他词语以了解保单草拟者的意图"。

比如，在 1997 年的奥伯曼诉遗产相互保险公司案件中（Opperman v. Heritage Mut. Ins. Co., 1997），被保险人从事砂石运输业务，其翻斗叉车在其场所内的楼房中被烧毁。通常，翻斗叉车在几英里外的采石场上使用，在火灾发生时，它临时停放在被保险人的场所内大修。被保险人的财产保险单承保"你所生产、处理或仓储的车辆、自动力机器或机动车"。

被保险人辩称，根据普通意义规则，"处理"（process）一词是指"系统性的系列行为，通过这些行为，为物品的适销进行准备、改装或改造"，而"仓储"一词是指"储存个人物品、机器和设备"。被保险人还声称，在发生火灾之时，根据保单含义，翻斗叉车正在"处理"或"仓储"过程中，因此保险责任适用。

法庭不同意，因为这里存在首要考虑的问题。该"处理"和"仓储"一词不能单独解读。法庭认为：

"要理解这些词的含义，应当将与它们放在一起的其他词语'你所生产、处理或仓储的车辆、自动力机器或机动车'合并考虑。根据文理理解规则，词义相互借鉴（Words take import from each other）。这种解释方式的格言是：'当词语存在多种含义的情况下，要明智地使用它们，以避免合同条款含义

在无意识的情况下被扩大……'

根据这些词语所在的上下文,文理理解规则支持对'处理'和'仓储'两词给予比被保险人提议得更为有限的含义。'生产、处理或仓储描述的是产品通过分销渠道进入市场的一般步骤。'翻斗叉车并不处于销售链或销售点中;它正在进行重装或修理以恢复其使用。"

文理理解原则的使用仅限于当清单上的所有项目都拥有合同一方能够将其归属在某一特定保单条款的特点的情况下。如果清单上的项目并不拥有这些特点,该原则就不能使用,在这种情况下,将这些项目归属于特定保单条款项下就无逻辑基础。

以下是对"码头"一词解释的索赔争议纠纷案件。从该案件中,清单中的词不能单独取出来解释,它应当与属于同类的其他词一起解释。

文框 3-1

什么是"码头"

一位保险代理人报告了以下索赔纠纷案件:

属于其他公司的一辆卡车,在倒车退入被保险人的楼房后面的装货码头时,造成了一些码头设施的损坏。

该卡车运输公司拒绝对此负责,认为被保险人的装货码头高度不标准。为了获得赔偿,代理人代表被保险码头将赔案提交财产保险公司。

该保险公司签发的财产保险单不承保"防水壁、桩、直码头、泊位或码头"(bulkheads, pilings, piers, wharves or docks)。理算师根据普通意义规则做了基本保障分析。码头(dock)的词典一般性定义是,"卡车或火车装卸货物的平台"。因此,理算师的结论是,索赔应当被拒绝,因为

第三章
首要关注的问题

码头的损坏是不保的。

但是,有一个首要考虑的问题,理算师并没有意识到。"码头"一词不能从上下文中挑出来单独解释。相反,文理理解原则要求,它必须与清单中其他词放在一起阅读。

"防水壁、桩、直码头、泊位"都是海上术语。"防水壁"是沿着海滩的垂直隔墙或挡墙;"桩"是杆或柱,打入海滩底部用来支撑直码头或泊位;"直码头"是伸向航道的登陆地点;"泊位"是与海岸平行的登陆处。从上下文阅读可以看出,"码头"一词显然用于海洋技术含义,以表示沿着直码头或泊位的区域,在该区域内,船舶可以停泊、装卸或修理。在被保险人楼房后面的卡车装卸货平台并不是财产保险除外条款所指的海洋"码头",因此保险人应当赔偿。

比如,在2007年的卡特里娜运河溃堤诉讼案件中(Inre Katrina Canal Breaches Litigation,2007),由于卡特里娜飓风冲毁堤坝导致密西西比河水倒灌,新奥尔良州的洪水冲毁了一些住房和工厂。陆军工程兵部队在设计或维护堤坝系统上存在过失,但对该事故是否属于人祸,仍存在争议。

家主和商业财产保险单中的标准水渍损失除外条款将洪水、地表水、波浪、潮汐、水体溢出,或前述情况下的水沫造成的损失除外。法庭认为,根据普通意义规则,无论何时水体溢出其自然界限并淹没通常是干燥的土地,就是"洪水"现象的发生。卡特里娜飓风后新奥尔良州被淹的情况显然属于这一类。

财产所有人设法用文理理解规则推翻法庭所做的一般意义分析。他们辩称,"洪水"一词应当与周围的词,如"地表水""波浪""潮汐""水体溢出"放在一起阅读,以表明由于雨水或潮汐造成的自然事件。根据这种解释,至少部分上由于陆军工程兵部队的过失造成水淹不能被认为是"洪水"。

法庭不同意，它注意到，清单中的其他词语并不限于自然现象。"表面水"在某种情况下适用于由于排水系统设计不当造成的水淹。"波浪"一词在另一个案件中包含摩托艇经过时搅起的水浪。由于清单中的其他项目既包括自然现象也包括人为事件，文理理解规则不适用，"洪水"一词不能仅限于自然发生的事件。该案件中，陆军工程兵部队的过失造成的洪水损失也应除外。

2. 同一种类

解释项目清单的第二种规则是"同一种类"（Ejusdem generis）格言，它的文字意思是"同一种类、等级或性质"（same kind, class or nature），它适用于当清单用"包括一切"（catchall）条款结尾的情况下。法庭对这种情况的假设是，该词的目的是将其他项目限于与清单项目具有相同的特点或属性。

比如，在1986年的林克诉联邦相互保险保险公司案件中（Link v. Federated Mut. Ins. Co., 1986），大约7 500美元的现金从被保险人的营业场所被盗。被保险人的特别多风险保险单加贴批单，扩展承保被保险人在从事业务过程中使用的"家具、装置、设备以及由被保险人拥有的类似财产的损失"。被保险人辩称，现金属于"包括一切"条款中的"被保险人持有的类似财产"，这些财产在他从事业务中使用，为其运作提供资金。因此，被保险人认为，现金盗窃是承保的。

法庭拒绝了这种辩解：

"根据同一种类原则，跟在特别和特定词语后面的概括性词语，不能采用它们在单独情况下的自然和一般含义，应当将它们作为与特定词语在种类或性质上都相同的人和事来理解。采用这种解释规则，现金显然与家具、装置、设备的种类或性质不同。"

在2008年的北美专业保险公司诉矫正医疗服务公司案件中（North Am.Specialty Ins. v. Correctional Med. Servs., Inc., 2008），被保险外科医生

受雇于怀俄明州，为州监狱犯人提供医疗护理。有一个接受该医生护理的犯人自杀了。公共利益律师事务所向怀俄明州劳教部寄去一封信，要求后者提供与该犯人死亡相关的所有记录的复印件，该信函还通知劳教部不要销毁任何文件。两个多月后，职业责任保险人向被保险医生签发了期内索赔制保险单。在保险期间内，公共利益律师事务所因该医生过失致犯人死亡事件向州官员提交 15 000 000 美元的索赔通知。

职业责任保险人拒绝赔偿，部分因为保险单将其生效日之前由被保险人收到的"正式要求、传票或其他通知"（arising from a demand, summons or other notice）所引起的索赔除外。保险人辩称，根据该除外条款，最初通知劳教部不要销毁记录也是一种关于索赔的其他通知。

法庭不同意，除外条款包含了简短的项目清单 [（1）正式要求，（2）传票]，还跟着包括一切条款（即其他通知）。根据"同一种类"规则，该包括一切（catchall）条款应当限于类似正式要求和传票那样的其他通知。

法庭称，在法律用语中，正式要求和传票词语都是公认的法律术语，通常指正式主张法律救济权。因此，其他类型的通知必须与正式主张救济权类似。律师事务所的信函并未满足这个标准，因为它要求提供医疗记录而不是主张救济权。它至多暗示，将来可能会提出索赔。由于该信函在包括一切条款项下不能作为索赔的其他通知，法庭认为，该除外条款不适用。

在 1996 年的菲尔普斯诉州农场相互机动车保险公司案件中（Phelps v. State Farm Mut. Auto. Ins. Co., 1996），雇主为雇员因业务使用租来的车辆投保无保险驾驶员（uninsured motorist, UM）保障。在一次公务旅行中，雇员开着一辆租来的小货车，车后部被一个无保险司机驾驶的车撞上了，该雇员受了伤。雇员从他自己购买的私人失能保险单项下索赔到 13 770 美元。

雇员的 UM 保险单包含以下抵消条款："任何在本保障项下的可赔金额将由被保险人在劳工补偿、失能利益或类似法律项下的任何已赔或可赔金额所扣减。"保险人辩称，根据普通意义规则，在私人失能保险单项下索赔到的"失能利益"应当抵消 UM 保障项下的赔款。

法庭不同意，因为该案件存在首要考虑的问题。"失能利益"这一短语不能单独阅读，它需要与抵消条款中的其他术语一起解释。

抵消条款有一个简短的项目清单 [（1）劳工补偿，（2）失能利益]，后面跟着包括一切条款（即或类似法律）。在"同一种类"规则项下，"私人失能保险与劳工补偿或失能利益是否属于相同的种类或性质，能够归类在一起"。法庭认为不能。

"私人失能保险并不是一种法律，能够像劳工补偿和其他成文法那样创建失能利益。由于私人失能保险与后者不属于同一种类或性质，按照同一种类规则，它们不能归类在一起。因此，我们的结论是，州农场相互机动车保险公司并未被明确授权或被允许将雇员从其私人失能保险项下收到的赔款拿去冲抵。"

同一种类规则只不过是一种推测。如果没有相反的证据，法庭会假定合同双方认为，包括一切（catchall）条款应当仅限于尚未列出的项目，这些项目与所列出的项目类似。但是，如果它触发了其他首要考虑的问题，那么这种推测就无效。

比如，在 2006 年的图阿拉汀谷住房合伙人诉卡车保险交易所案中（Tualatin Valley Housing Partners v. Truck Ins. Exch.，2006），被保险人经营一家公寓大楼。警察发现，一个租户在其公寓房内制作冰毒。被保险人设法在其第一方保险单项下为由于制作冰毒对房屋造成的损坏索赔 225 000 美元的修理费用。

但是，保险单有一个"由你（被保险人）、对财产有利益的任何其他人、或你的或他们的合伙人、雇员、董事、受托人或授权代表实施的犯罪行为"除外条款。法庭认为，根据普通意义规则，租户是"对财产有利益"的人，因为他有权占用该公寓房。

被保险人设法用同一种类规则来推翻法庭所进行的普通意义分析。该除外条款有一个特定的个人清单——"合伙人、雇员、董事、受托人或授权代表"——他们是财产所有人或财产所有人的代理。被保险人辩称,该短语"对财产有利益的任何其他人"在上下文中应当解读为,对公寓有所有权利益的任何人。按照这种解读,被保险人本身或被保险人的管理人员的犯罪行为所造成的损坏应当被除外,但是租户的犯罪行为造成的损坏是承保的,因为租户对公寓并无所有权利益。

法庭拒绝这种辩解。它认为,如果采用同一种类规则会导致表述上的冗余或背离合同方的明显意图,该规则就不适用。该规则在这里会导致不必要的冗余。"如果该除外条款的范围仅限于公寓所有人或其代理,那么提及'对财产有利益的任何人'就失去了意义,而且变得多余了。"

3. 明示其一排除其他

解释项目清单的第三种规则是"明示其一排除其他"(Expressio unius est exclusio alterlus),它的含义是"表达一件事是对另一件的排除"(the expression of one thing is the exclusion of another)。法庭假设,只有清单上的项目是保险单所要表达的。换句话说,即如果合同条款列出了特定的项目,未列出的项目就是有意要排除的。

比如,在1971年的安泰保险公司诉韦伯案件中(Aetna Ins. Co. v. Webb,1971),被保险人雇用了一家船坞运营商将前者的游艇从水中拖出,并将其置于船坞上进行修理和刷漆。工作完成后,船坞运营商用吊车将游艇放入水中。由于运营商的过失,吊车打滑,游艇从18英尺高度落到水中,游艇焊接缝裂开,游艇沉入水底。

船舶保险单承保"在下水……过程中的意外事故"。船舶保险人辩称,根据普通意义规则,该词"意外事故"仅限于偶然性事件(类似游艇在下水时可能意外撞上水底的石头），而不是第三方的过失行为。

法庭拒绝这种辩解，因为这里存在首要考虑的问题。对"在下水……过程中的意外事故"的保障必须根据保险单的其他相关条款解读。

另外，保险单有个除外条款，将"由于游艇所有人、管理人或被保险人未恪尽职责导致的"灭失或损坏排除。该除外条款特别列出除外的三方。法庭采用"明示其一排除其他"这一格言，认为除外清单上未列出的其他方的过失（如船坞运营商）是不被除外的。因此，保险单承保该损失。

在1994年的沃特金斯诉布朗案件中（Watkins v. Brown, 1994），被保险人同意照看朋友的孩子，这样她的朋友可以回去工作。被保险人已经在照看自己的孩子，她照看朋友的孩子是因为她喜欢，而不是将它作为一种职业。朋友每星期支付被保险人40美元，作为后者花费的时间和精力的报酬。后来，朋友的孩子受了伤，被保险人被起诉。

家主保险单将与家庭业务（business）相关的活动除外，该业务一词的定义为："业务包括但不限于任何种类的商业、专业或职业，如：（1）送报纸；（2）带孩子；（3）杂役；（4）草坪护理；（5）由家中未成年居住者从事的类似附带业务活动不认为是业务。"

被保险人辩称，根据普通意义规则，由于自己喜欢带朋友的孩子，对方付一些象征性的报酬不应包括在任何"商业、专业、职业"的一般性含义中。

法庭不同意，因为这里存在首要考虑的问题。业务一词的这部分定义如"任何商业、专业或职业"不能孤立起来阅读，必须放在包括例外在内的上下文中阅读。

在这些除外项目中，未成年居住者带孩子被列为例外活动，也就是说该活动不认为是除外的业务。法庭采用"明示其一排除其他"这一规则，并认为，不在例外清单中的项目（如成年居住者带孩子）不能作为例外，因此是除外的。

第四章　高级保障问题

第一章检查了在解释保险单过程中所采用的基本原则。法庭必须从客观、理性的保单持有者的角度解读保单语言。

第二章概括介绍基本保障分析法。它从评估由合同双方所选择的词语的普通、一般含义开始分析，这些词语被用来记载他们所达成的协议内容。明显的专业术语采用它们的特别含义。任何表面上看来是不可理解的词语，是无法通过法庭执行的。

第三章列出了一些需要特别考虑的问题，如果这些问题存在，它们比基本保障分析优先考虑。比如，一个词语的普通含义不能用来挫败最初从事保险交易的商业目的；对所提议的词语解释不能使得其他词语变得多余或累赘；保险单经解释后不能出现荒谬的结果，或者近似于承保由于违法活动造成的损失；保单条款不能从上下文中挑出来单独阅读，保险单应当作为整体来解释，每一个条款必须与其他相关条款放在一起解读。

本章解释两个高级保障问题：对保险保障合理预期原则（doctrines of reasonable expectations of coverage）以及"不利于起草人"原则（contra proferentem）。这两种原则用在以下情况下：即当保单条款具有潜在的保障限制作用，而这种限制是一般保单持有者未预期或未了解到的，而且保单语言还存在两种相互矛盾的解释，这些解释似乎又都是正确的。

第一节　对保障的合理预期

第一章中曾经说到，从保单签发开始，保单语言必须从理性的保单持有者的角度予以解释。如果从表面看，保单条款对一般保单持有者是不可理解的（即光看文字，读者无法理解其含义），法庭的应对方式是拒绝执行该条款。

有时，保险条款具有潜在的不可理解性。也就是说，保单条款的含义表面看来是清晰的，保单持有者阅读后会合理地预期，损失由该保险单所承保，但其他保单条款又具有潜在的保障限制作用，对此一般保单持有者不可能预见或了解。在这种情况下，法庭对该不可理解性的应对措施也相同，即拒绝执行这种潜在的，保单持有者难以理解的保障限制。其结果是，法庭会按照保单持有者对保障的最初预期执行保单条款。

一、潜在的保障限制

在1978年的塞斯莱维兹诉相互服务损害保险公司案件中（Cieslewicz v. Mutual Serv. Cas. Ins. Co., 1978），家主保险单的被保险人有一只德国牧羊犬，它把一位小姑娘咬伤了。按照州法律规定，初审法庭判决按三倍赔偿陪审团裁定的损害赔偿金额。现在的问题是，是否保单承保三倍损害赔偿。

家主保险单的承保协议是这样表述的：

"本公司同意代表被保险人支付，由被保险人依法承担的，由于每次事故造成本保险适用的人身伤害或财产损失所引起的所有损害赔偿金。"

该条款指出，保险单承保"被保险人依法承担的所有金额"。法庭确定：根据普通意义规则，理性的保单持有者对这句话的理解是，保险单承保"导致人身伤害的事故所引起的所有民事责任，包括法庭判决的三倍损害赔偿"。

保险人辩称,这里存在首要考虑的问题。"所有金额"表述不能单独解读,它必须与承保协议中的其他词语一起解读,该承保协议将保险人的赔偿义务限于"由于人身伤害所造成的损害赔偿"。保险人还称,法庭判决的三倍损害实际上是对养狗行为的一种惩罚,而不是"由于人身伤害所造成的损害赔偿",与对受害者的疼痛和苦楚的损害赔偿含义不同。

法庭不同意,认为对"由于人身伤害造成的损害赔偿"这一短语的模糊解读违反了被保险人对保障的合理预期。

"从本质上看,保险公司在该案件中所做的是,通过使用'所有金额'条款这一沙包击打自己的被保险人(sandbag its own insured)(意在欺骗对手)。该条款用非常宽泛的词语表述,给被保险人一种合理的印象,即保险单能够提供保障。但是,在介绍该索赔案件时,保险公司设法以多重损害赔偿不是保单约定为由,回避对部分损害赔偿的责任。按照本法庭在解释保险单时所采用的合理预期原则,我们认为,多重损害赔偿包括在保险单的保障条款中。"

换一种说法,"所有金额"这一表述使被保险人产生了合理预期,即他所承担的由于狗咬人造成伤害的所有责任,包括法庭判决的多重损害赔偿,保险单都予以负责。根据保险公司的解释,"由于人身伤害造成的损害赔偿"这一短语存在一种不可预期的保障限制,这是一般保单持有者所无法理解的。因此,法庭不同意这种潜在的保障限制,要求按照被保险人对保障的最初预期来执行保险合同。

在1977年的米尔斯诉农业化学航空公司案件中(Mills v. Agrichemical Aviation, Inc., 1977),一位农民被认为要为其意外在其他人的田地上进行空中喷药作业承担责任。伞式保险单有一个飞机除外条款,它将任何由于操作或使用娱乐性机动车或飞机所引起的责任除外。根据普通意义规则,"娱乐性"这一形容词似乎修饰"机动车"和"飞机"。因此,乍看之下,理性的保单持有者会将该伞式保险单除外条款解释为,它仅将由于使用娱乐性飞机而不是喷药作业商用飞机造成的损失除外。

伞式保险人辩称,这里存在首要考虑的问题。"娱乐性机动车或飞机"(recreational motor vehicle or aircraft)这一短语不能单独阅读,应当与其他相关的保单条款一起阅读。此外,在保险单的其他地方还有一个"娱乐性机动车"的定义。由于"娱乐性"这一形容词是"娱乐性机动车"定义的一部分,伞式保险人辩称,它仅修饰"机动车"而不是"飞机"。按照这种解读,该除外条款适用于使用"娱乐性机动车"及任何类型的飞机造成的损失,而不管该飞机是娱乐性还是商用性的。

法庭拒绝这种解释,因为它违背了被保险人对保障的合理预期。法庭认为,农民会合理地预期,农场和牧场责任保险单及伞式保险单会承保其重要的农事活动,包括喷洒药物。在某种"制图骗术中"(legerdemain by draftsmanship),伞式保险人设法通过在保险单的两个不同章节"以不明显的方式设置除外条款"(inconspicuous placement of the exclusionary clauses),用来排除对过失喷洒药物的责任保障,而且这两个章节关系模糊。法庭认为,保险责任不能以这种方式排除。

用另一种方式表述,"娱乐性的机动车或飞机"这一短语似乎也排除了使用"娱乐性飞机"。这对农民形成了一种合理的预期,即保险单会承保用商用飞机喷洒药物。按照这种似乎毫无关系的"娱乐性机动车"的定义来解读该除外条款,导致了不可预期的保障限制,对此一般保单持有者是无法理解的。因此,法庭不认可这种潜在的保障限制,保险单应当按照农民的最初保障预期执行。

合理预期原则的使用应当限于以下情况:即当保险单的部分表述使人产生合理的保障印象,但保险公司依据保险单的另一部分表述来拒绝承担赔偿责任，而且后者并未明确地表示它是一种保障限制。但是，当保险单的一部分造成提供保障的合理印象，而保险单的其他部分又明确、毫不含糊地对该保障做了限制，而且保单持有者应当合理地了解它对索赔产生的影响，合理预期原则就不适用。在后一种情况下，如果保单持有者说，他为其保障受到限制而感到惊讶，这就显得不合理了。

二、外在环境

有些法庭认为，保险单的外部证据（extrinsic evidence）也能产生超越保单语言的对保障的合理预期。这种使保单持有者产生合理预期的外部证据可以用来帮助确定合同语言的含义。

比如，在1997年的信赖保险公司诉莫易斯纳案件中（Reliance Ins. Co. v. Moessner，1997），被保险人生产直燃式蒸汽发生器，简称"蒸发器"。被保险人的一种产品出现故障，泄漏一氧化碳气体，造成索赔人永久性脑损伤。保险公司辩称，根据普通意义规则，商业普通责任保险单（CGL）的全部污染除外条款明确表示将该索赔排除，而且保险单并无例外条款，将被保险生产商场所之外的污染损失剔除。

但法庭认为，尽管污染除外条款说得很明确，但是，是否订立保险合同时的外部环境能够使保单持有者对保险责任产生合理的预期，对此陪审团仍然存在疑问。以下是一些相关的外部证据：

——最初投保时，被保险人的代理人特别要求保险人对蒸发器污染引起索赔提供保障；

——1991年被保险人刚开业的时候，保险人签发的CGL保险单采用不同的除外条款；

——保险公司承认，1991年签发的CGL保险单的绝对除外条款表述比较宽松，它仅限制在生产商的场所内发生的污染索赔保障；它并没有禁止在生产商场所之外的其他地方发生的产品责任事故的索赔。

——核保人在 1992 年续保的 CGL 保险单中塞入了比较严格的污染除外条款，但没有告诉被保险人的代理人。

——根据 1992 年续保保险单的比较严格的污染除外条款，任何污染责任都是除外的，该条款适用于无论何处发生的索赔事故。

为此，上诉法庭将该案件发回重审，让陪审团确定，是否这些外部证据对保单持有者形成一种合理预期，而不管保险单是怎么说的。

三、合理预期原则的基本原理

合理预期原则有两种主要基本原理。

首先，应当为了实现保险交易的经济目的去解释保险单。在 1961 年的奇维特诉皇家保护人寿保险公司的案件中（Kievit v. Loyal Protective Life Ins. Co., 1961），法庭是这么说的：

"当公众购买了保险单，他们有权获得宽泛的保障以达到自己的合理预期。他们不应当受制于技术上的妨害或所隐藏的陷阱，他们的保险单应当充分地按照有利于提供保障的目的去解释。如果特定条款从文字上解读会造成保单失效，这种情况应当严格限制，使得所述的保单目的能够实现。"

另一种合理预期原则的基本原理是，保险单是附和性合同。附和性合同是由一方准备和提供，另一方要么接受要么放弃（take-it-or-leave-it）。消费者没有机会去更改合同表述。

如同一个评论员所观察到的那样，在一般保险交易中，保单持有者提出保障申请、预交保费，甚至未查看保单文本。保险公司（或由保险公司控制的机构，如保险服务局公司）草拟保险条款。保单持有者对保险词语的理解基本来自保单销售人员。在收到保险合同后，保单持有者可以自由阅读它，但是到那个时候，保险谈判的时间已经过去了。

在1975年的科根泰尔诉环球人寿和意外保险公司案中（Corgatell v. Globe Life 和 Acc. Ins. Co.，1975），法庭承认这些现实情况：

"实施合理预期原则从接受保险单是附和性合同这一事实开始。通常，对合同表述不可能讨价还价。买方要么接受已经制定的保险单，要么转向其他保险公司投保，但在后者那里他通常也会遇到相同的保单措辞所带来的相同的窘境。如果外行人研究该合同，他会感到困惑。他希望在一般情况下都能获得保障，而且无法预见自己的希望会被巧妙地草拟的条款所推翻，此类条款他无法发现，或者即使发现他也无力修改。"

四、避免采用合理预期原则

合理预期原则涉及沟通质量问题。因此，草拟者所制定的保险条款要让保单持有者尽可能地了解。

尽管合理预期原则有利于被保险人，但保险人仍然可以保护自己。如果保险公司尽力让被保险人对非常规性的保单条款引起注意，法庭倾向于不采用该原则。比如，保险公司的代理人可能特别指出投保书中的条款；另一种方法是让保单持有者以书面方式认可这种限制。康乃迪克州高等法院处理的一个案件可以说明这一点。当保险公司在投保书上采用禁止保障重叠（anti-stacking）的限制性表述，而且让被保险人签署投保书表示认可这种做法时，法庭对保险公司的这种做法予以认可。

在草拟保险条款时，可以采取一些措施来避免出现这种现象，即由于保险单中的技术性语言采用了细小字体，使得不可预期的保障限制条款不易被发觉。比如，可以在批单或投保书上用突出的印刷字体来显示出相关内容。

> **文框 4-1**
>
> ## 印刷字体的大小
>
> 如果保障限制条款的印刷字体小于提供保障条款的字体，法庭是不会执行该保障限制的。在一个案件中，由于对健康保险利益进行限制的条款采用的印刷字体小于保险利益条款的字体，法庭认为，该保险单中"似乎不存在这种限制性条款"。

保险单制式也可以引起对保障限制条款的注意，如以下例子所示：

有两家水果店购买了财产保险单。保单声明页中有一栏空格用来填写食品腐败间接损失责任限额。水果店 A 购买的食品腐败损失责任限额为 15 000 美元。水果店 B 并未购买食品腐败损失保障。一场风暴引起被保险场所外的电线坠落导致断电，两个商店都遭受食品腐败损失。法庭认为，根据合理预期原则，商店 B 无权获得食品腐败保障。法庭表示，将食品腐败分项责任限额填写在声明页中足以作为对保障限制的告知。

误导性的表述及其他错误指示都会与合理预期原则产生冲突。这样，声称采用欺诈性广告、标签（如伞式综合和一切）和标题都会触发合理预期原则。大量的法庭判决都涉及由于保险公司的营销实践，如直接邮寄广告、团体保险单（或统括保险单/保险证书）以及其他营销项目所导致的披露问题，这些项目并未向被保险人提供完整保单条款信息。

是否存在合理预期要从保单持有者的角度确定。大型、有经验的保单持有者的合理预期可能与个人机动车保险单持有者的合理预期不太相同。但是，为大型、有经验的保单持有者草拟保单条款时忽略了合理预期原则也是不安全的。在 1982 年的基恩公司诉北美保险公司的另一个典型案件中（Keene Corp. v. Insurance Co. of N. Am., 1982），法庭发现，一家被保险石棉生产商对保险期间发生的事件有一个保障上的合理预期。少数法庭在涉及有经验的保单持有者案件中拒绝采用合理预期原则。

第二节　于起草人不利原则

第一章至第四章介绍了法庭在解释保单语言时所采用的分析方法。

——法庭先采用基本保障分析法，并根据普通意义或特殊意义规则阅读保险单，要看哪个规则适用。

——下一步他们再确定是否存在任何需要特别考虑的问题。如果牵涉这类问题，再进行更加基本的保障分析。

——最后，他们再检查，是否保险人的解释会起潜在的保障限制作用，对此一般保单持有者无法理解。

按照以上顺序采用这些规则会解决大量的保障争议问题。

但在很少情况下，保障争议问题仍然无法解决。保单持有者和保险人可能会对保单语言提供相互矛盾的解释，而这两种解释在普通或特殊意义规则下都是可以接受的，它们并不牵涉首要考虑的问题，也不违反保单持有者的合理预期。由于两种解释可能都不正确，就会出现问题。

为了破解这种僵局，法庭采用"于起草人不利"原则，也称"对要约人不利"（against the offeror）规则。它通过采用保单持有者对保单语言的解释，来推翻保险人的解释，以支持保险责任的存在。

一、两种正确的解释

通过检查一些案例可以说明如何采用这一规则。

在 2009 年的美国皇家保险公司诉 KSI 贸易公司案件中（Royal Ins. of Am. v. KSL Trading Corp., 2009），一场火灾把仓库里属于被保险人的国内运输机动车部件货物烧毁了。被保险人在海洋货物开口保险单项下提出索赔，该保险单有三个章节：

——第一章——海洋货物运输；

——第二章——国内运输保险；

——第三章——仓储保险。

第三章承保协议扩展承保第一章项下指定仓库内的财产。第一章中的"保险财产"的定义包括"被保险人的业务的附带商品，主要是机动车部件"。

但是，第一章项下的保障仅适用于保险财产"从世界上的港口或地点运到世界上的其他港口或地点"的海洋货物运输，但不适用于"原产地是美国的保险货物运往美国目的地的保险货物"。

法庭认为，第三章的仓储保险条款有两个同样可行的解释：

——对保单持有者有利的解释：首先，可以理解为，"所有KSI的商品，不管原产地是哪里，如果临时储存在仓库中都是承保的"。这种表述为国内运输的机动车部件在仓库中的损坏提供保障。

——对保险人有利的解释：其次，可以理解为，"只有KSI的海外运输商品，而不是仅在美国或加拿大的运输商品，如果临时储存在仓库时是承保的"。这种表述将国内运输的机动车部件在仓库中的损坏保障除外。

法庭认为，"'关于是否存在保障，该保险单能够支持两种不同的结果'……，因为这两种解释都是保单表述的合理解释。根据'对起草人不利'原则，我们采用了对被保险人的有利的保障解释"。

在2009年的亚历山大生产公司雇员股票所有权计划诉伊利诺斯联合保险公司案件中（Alexander Mfg., Inc., Employee Stock Ownership Plan and Trust v. Illinois Union Ins. Co., 2009），某些董事和高管人员协商处理了向其索赔的案件，并向原告转让了他们所拥有的，针对其向D&O保险人的诉讼权利，后者在拒绝承担保险责任上有过错。

D&O 保险单有一个反转让条款，它声称，"在本保险单项下转让保险利益对保险人无约束力，除非经保险人书面同意"。保险人反对这种转让，因为他并未同意。

现在的问题是，"保单项下的利益"这一短语的含义是什么？这里有两种可能性：

——对保单持有者有利的解释；首先，它可能指"在保险单中具有的经济利益"，意思是，被保险人能够提出索赔。这种解释仅禁止在损失发生前将被保险人的身份转让给第三方，而不是损失发生后将起诉保险人的权利转让，后者由于过错拒赔而违反保险合同约定。

——对保险人有利的解释：其次，它可以指"被保险人与保险单相关的任何权利"。这种解释禁止损失发生后转让针对保险人违反合同约定的诉讼权利。

这两种解释都可行，看来两者并无不合理的地方。

最初，法庭设法通过采用合同解释的较高规则来分析这一问题，但不成功。法庭判决，"评估了保险利益一词在上下文中的含义及其他保单条款后，我们找不到任何线索以确定合同双方打算采用哪一种看似合理的解释"。

由于没有其他办法来解决这一问题，法庭用"于起草人不利"原则作为最终措施。

"根据保险单的其他条款，当两种解释都合理时，法庭必须诉诸对保险人不利的解释规则。由于上述反转让条款的第一种解释在上下文中是合理的，以及由于是保险人草拟的条款，我们认为，该案件中的反转让条款不能禁止损失发生后的转让行为。"

二、于起草人不利原则的基本原理

传统的"于起草人不利"原则的基本原理是有缺陷的。由于保单语言是保险人的语言，赞同这一原则的人认为，它只是使保单语言的解释对保险人不利。该原理的结果是，将保单草拟者置于防御地位。这样，如果由保险人草拟保险条款，给予被保险人的解释空间比给予保险人的解释空间更大。

在1997年的佩恩相互人寿保险公司诉奥格尔斯比案件中（Penn Mut. Life Ins. Co. v. Oglesby，1997），法庭是这样解释的：

"保险合同必须按照一般常识予以解释，使所有的保险条款都具有理性的保单持有者能够了解其保障范围和限制的效果。保险人有义务清晰地表述保险条款，就像债券发行人有义务使得理性的投资人能够了解债券的有效文件条款，因为投资人的权利受该文件的影响。如果保险合同是有歧义的，'于起草人不利'的原则表明，合同必须作不利于起草人的解释。"

该原则背后的政策是，如以上所述，保险人或债券发行人是控制条款表述的实体。不管是一般被保险人或一般投资者，通常对这些条款无发言权，除了接受条款或将它们放弃，或者对保险人或债券发行人提供的产品种类做有限的选择。因此，占优势的一方有责任清晰地表述条款。

三、最后手段规则

重要的是要强调，"于起草人不利"规则是一种最后手段。任何不经思考、任意采用该规则的行为，对促使法庭确定以及采用双方订立合同意图的首要义务毫无帮助。合同解释的其他规则也能够发挥更好的作用。因此，在采用"于起草人不利"规则之前，法庭必须首先采用其他所有的合同解释规则。他们应当拒绝保单持有者的要求直接"跳到最后"（skip to the end）进行保障分析，在不考虑其他规则的情况下，直接采用"于起草人不利"规则。

2009年的加州奶牛场公司诉RSUI补偿公司这一案件（California Dairies, Inc. v. RSUI Indem. Co., 2009）是一个正确处理过早要求采用"于起草人不利"规则的例子。在该案件中，雇员向被保险人提起集体诉讼，因为后者违反加州关于工资、工作时间及相关事件上的法律规定。保险单将违反联邦公平劳动标准法（Fair Labor Standards Act，FLSA）或者"任何州法律的类似（similar）条款"的行为的保障除外。

除外条款中的"类似"（similar）一词可能存在以下两种含义：

——对保单持有者有利的解释：首先，它可能指"完全相同的"（identical）或"相似的"（alike）。这种表述不将集体诉讼除外，因为加州劳工法条款与FLSA规定并不完全相同。

——对保险人有利的解释：其次，它可能指"具有共同的特点"。这种表述将集体诉讼中的一些索赔除外，因为加州法律与联邦法律具有一些共同的特点（shared some characteristics with federal law）。

被保险人要求法庭在保障分析上"直接跳到最后"，采用"于起草人不利"原则，选择"类似"一词的第一个定义即"完全相同"并支持集体诉讼保障。

法庭不同意。有一些其他的合同解释规则能够清楚地表明"类似"一词的含义，而无须采用"于起草人不利"这一解释规则。

"1. 从保单持有者的角度来看待该表述，客观、理性的雇主应当知道，该除外条款说的是与FLSA相对应的州法律。

"2. 被保险人建议的对'类似'一词的解释（全相同或相似的）与该除外条款的目的产生冲突，而设计该条款的目的是阻止道德风险以及违反劳工法。如果保单除外条款仅适用于违反联邦劳动法行为，那么违反州法行为就会被承保。如果是这样，就会诱使雇主形成他们的工资和加班惯例，通过违反州劳工法来触发其部分工资成本的保险保障。'或者任何州法律的类似条款'这一短语加在除外条款上可以避免出现这种情况。在阅读该条款时应当考虑制定该条款的目的。

"3. 而且，被保险人建议的对'类似'一词的解释会导致荒谬的结果。如果保险公司未提及'任何类似的州法律条款'，那又怎能将对违反州劳动法行为的保障排除？在草拟保险合同上的唯一解决办法是将每一个州或市的工资或工作时间法律一一列出并将其除外，这样做显然不可行也是荒谬的。"

这些首要考虑的问题迫使法庭选择"类似"一词的第二种对保险人有利的定义，即"具有共同的特点"。法庭认为，保险单排除了与FLSA类似的州法律项下的索赔。

四、"于起草人不利"原则检查表（Contra Proferentem Checklist）

通过上述讨论我们得知，在法庭能够采用"于起草人不利"规则之前，保单持有者和保险公司应当先采用所有的其他合同解释规则对保单语言进行解释。可以按照表4-1所列的分析项目进行检查。

表4-1　采用"于起草人不利"规则的先决条件清单

检查内容	保单持有者的解释	保险人的解释
从保单持有者角度阅读保单语言（Reads the language from policyholder's perspective）	是√	是√
遵守普通意义规则（Obeys the Plain Meaning Rule）	是√	是√
使用正确的词典定义（Uses correct dictionary definitions）	是√	是√
正确地采用特殊词汇（Employs special words correctly）	是√	是√
涉及首要考虑的问题（Implicates an overriding concern）	不√	不√
从上下文中取出词语单独解释（Takes words or phrases out of context）	不√	不√
使其他词语变得多余（Renders another word or phrase superfluous）	不√	不√
产生荒谬的结果（Produces absurd results）	不√	不√
使保险交易的目的落空（Frustrates the purpose of the insurance transaction）	不√	不√

续表

检查内容	保单持有者的解释	保险人的解释
使得保险单承保近似于非法活动造成的损害赔偿（Makes the policy cover damages proximately caused by illegal activities）	不√	不√
与同一个主题的所有其他条款协调起来（Harmonizes with all other provisions on the same subject matter）	是√	是√
与清单上其他项目的正确含义协调起来（Harmonizes with the collective meaning of items on a list）	是√	是√
起潜在保障限制的作用，对此一般保单持有者未预期到或不了解（Operates as a latent coverage restriction that an overage policyholder would not have expected or understood）	未采用√	不√

只有在保单持有者或保险人的解释能够通过所有上述检查项目时，法庭才可以采用"于起草人不利"这一规则，作对保险人不利的解释，并采用对保单持有者有利的解释。

注意：被保险人的解释要另外受到合理预期原则的检验，以确定该解释是否作为一种潜在的，保单持有者所未预期到或所不了解的保障限制。

五、"直接跳到最后"的危险性

采用"于起草人不利"规则可能会产生灾难性的后果。

比如，在1999年的史考特—彭泽诉利宝相互火灾保险公司案件中（Scott-Pontzer v. Liberty Mut. Ins. Co.，1999），签发给雇主的商业机动车保险单向"你"和"任何占用公司雇主拥有的机动车的任何人"提供无保险/不足保险驾驶员（UM/UIM）保障。"你"一词的定义为"声明中显示的指明被保险人"。声明中只有公司雇主列为指明被保险人。

根据保单上下文，在UM/UIM保障中，"谁是被保险人"定义的保单条款可能有两种含义：

——对雇员有利的解释：首先，保单条款可能指，向"你"（公司雇主）提供的UM/UIM保障适用于代表公司行事的任何人，如雇员。由于向"你"提供的保障并不限于所承保的机动车，这种情况可以解读为，当雇员占用任何机动车，即使是他们自己的，保险单也对他们提供保障。

——对雇主有利的解释：其次，保单条款可能指，当保单持有者是个人时，UM/UIM保障将适用于在声明中所载的个人，但是，当保单持有者是公司时，UM/UIM保障仅适用于那些占用由公司拥有的车辆的人。

实际上，俄亥俄州高等法院在进行保障分析时是"直接跳到最后"，选择了对雇员有利但对保险人不利的第一种解释。它认为，在雇主的商业机动车保险单项下的UM/UIM保障适用于雇员在星期天下午驾驶其妻子的汽车所发生的非与工作相关的交通意外事故。

通过在保障分析上"直接跳到最后"，以及过早地采用"于起草人不利"的规则，史考特—彭泽案件的判决违反了保险保障分析的一些基本原则，而且忽略了一些本应当从中得出不同结论的，需要首先考虑的问题。

——解释保险单的目的是应用合同双方想要达到的结果。然而法庭却公开承认，"这里所得出的结论可能被其他人看作为合同双方所不想达到的结果"。

——商业UM/UIM的目的是为那些在与工作相关的机动车意外事故中受伤的雇员提供保障。雇主或商业机动车保险人并未打算将UM/UIM保障用于那些在与工作无关的机动车意外事故中受伤的雇员。

——"你"一词不能从上下文中取出单独阅读。比较合理的解读是，将UM/UIM保障向"你"和"占用保险车辆的任何人"扩展的保单条款应当针对的是不同的偶发事件：如果保单持有者是个人，UM/UIM保障适用于声明中载明的个人；如果保单持有者是公司，"你"一词就不能使用，UM/UIM保障仅适用于占用公司车辆的任何人。

第四章
高级保障问题

——将公司雇主的企业机动车保障向所有在雇佣范围及雇佣过程之外使用自己的私人车辆的雇员扩展显然是荒谬的。

史考特—彭泽案的判决使得俄亥俄州商业机动车保险的提供和购买出现危机。当商业机动车保险人意识到，由于该判决，任何提供给企业的UM/UIM保障会自动扩展承保雇员在与工作无关的情况下使用私人机动车，于是有些保险人写信给俄亥俄州保险部，告诉它他们打算停止在该州提供新的商业机动车保险。留在俄亥俄州的其他机动车保险人开始要求将费率平均提高170%，有些要求提高200%。商业机动车保险单项下的UM/UIM保障平均保险费从1999年每辆车60美元升高到2001年的130美元。

史考特—彭泽案的判决也可以预见到新UM/UIM索赔案件如雪崩似地发生。俄亥俄州的法定诉讼有效期是15年，这意味着任何雇员在1999年史考特—彭泽案判决前15年内的任何时候，在与工作无关的机动车事故中受伤，都突然有权从事故发生时签发给他们雇主的商业机动车保险项下额外获得UM/UIM保障。保单持有者的律师也重启过去的机动车索赔案件以获得额外赔偿。法庭被成千上万的新史考特—彭泽案件所压垮，因为雇员都在千方百计地起诉商业机动车保险人。俄亥俄州保险协会估计，根据史考特—彭泽理论，商业机动车保险人大约支付了1 500 000 000美元的UM/UIM赔款。"如果这些判决造成的保险损失是一种自然灾害，"俄亥俄州保险协会写道："它们构成了2000年世界上最昂贵的巨灾。"

2003年，这种情况越发糟糕，使得俄亥俄州立法机构制定了UM/UIM选择性投保法案。同年，俄亥俄州高等法院签发了另一个案件的判决书，推翻了史考特—彭泽案的判决，而那时，俄亥俄州机动车保险市场已经遭受严重的经济损害。

如果当时俄亥俄州以正确的方式采用保险单解释规则，上述情况就可以避免。

六、何时不能采用"于起草人不利"原则

法庭认为,"于起草人不利"原则在几种情况下不能使用。

1. 强制性表述

由法律或行政法规所强制规定的合同表述是否可以采用"于起草人不利"原则,法庭的意见不一。第二次重述合同法 [The Restatement(second) of Contract] 指出,强制性表述是不能作不利于合同草拟方的解释的,但又认可在规定采用强制性表述之前,保险公司可以自愿使用该表述的例外情况。比如,在1998年的麦克林诉机动车联合服务协会案件中(McHugh v. United Servs. Auto. Assoc., 1998),美国第九次巡回上诉法庭发现,标准洪水保险条款存在歧义,对保单持有者的房屋是由于滑坡(被除外)还是由于泥石流(被承保)造成损坏,在证据上存在冲突。虽然联邦法律规定了标准洪水保险单的表述,但法庭依然做了对保险公司不利的判决。

2. 保险专业人员之间的交易

法庭不太倾向于在两家保险公司之间,以及某些情况下,在保险公司和经纪人之间存在合同争议时采用这一原则。

3. 作为被保险人或受益者的身份

在确定是否某些人可以归类于被保险人时,"于起草人不利"原则并不适用,虽然过去有些判例并不是这样。不是保险合同当事人的第三方通常无权获得对其有利的合同解释。

4. 有经验的保单持有者

在第五次上诉巡回法庭的一个具有里程碑意义的判例中,法庭拒绝作有经验的被保险人有利的判决。法庭是这样说的:

"我们并不觉得,在商业保险领域中,当被保险人并不是无知的被保险

人而是一家大型企业时（年保费6位数，由有经验的企业家管理，由与保险公司的律师水平相同的律师作其代表），必须采用或有理由采用保险单作不利于保险人解释的一般性规则。事实上，保险条款的作者是保险合同双方……如果大型投保企业和大型保险公司都有胜任的律师作顾问，都有专家提建议，他们之间的合同，就没有必要遵守这种没有现实意义的法律上的陈词滥调。"

根据传统的合同法，"于起草人不利"原则采用的是不考虑合同双方是不是有经验的。如以上所讨论，该原则的关键不在于双方的经验或议价能力的不同，而是是否采用"要么接受要么放弃"的做法。即使大公司的律师参与保单语言的谈判，依然可以采用"于起草人不利"规则。如法庭以下所言：

"本法庭将放弃这种通常采用的解释规则，即合同歧义作支持保险保障的解释，只因为有证据表明有争议条款是双方共同草拟的；它不过表明，保单条款是经过谈判制定，被保险人在法律上经验丰富，而且有很强而不是仅仅足够的议价能力。"

法庭意识到，仅仅由于保单持有者是一个大公司而不是个人或小公司，保单语言的解释就不同，这是不合适的。因此，有经验的保单持有者的例外情况在解释标准保单语言时被认为是不适用的。

5. 保单持有者参与草拟合同

"于起草人不利"原则并不适用于当被保险人积极参与草拟争议合同的情况下。但是，草拟保单条款和参加选择标准保单条款两者之间存在巨大区别。选择由保险人或保险服务机构草拟的标准保单并不能表明保单持有者参与选择这些保险单的措辞。

在有些案件中，保险经纪人向核保人建议条款表述，被认为该条款由保单持有者草拟。

6. 手写保单

有些法庭指出，使用手写保单可以表明保险单不是附和合同。在一个案件中，"于起草人不利"原则被认为不适用于手写保单，因为这种保单不是事先印制的附和性保险单，而是双方平等谈判的结果。

7. 由保单持有者提供的信息

"于起草人不利"原则不适用于复制由保单持有者提供的信息的保单条款。在填写投保申请书上，该例外很重要。这样，由被保险人提供的对被保险财产的描述不能作对保险人不利的解释。在由代理人或经纪人提供材料的情况下，这种例外可以采用也可以不采用，取决于代理人或经纪人是代表保单持有者还是保险公司。

七、放弃合理预期和于起草人不利的原则

有些保险人（特别在百慕大）在他们的保险单中设置条款，旨在通过合同方式放弃合理预期和"于起草人不利"原则。比如：

"本保单条款和条件按照对合同双方公平的方式予以解释。如果本保单语言被认为有歧义或不清晰，该问题按照与本保险单相关条款和条件最一致的方式解决，而不考虑保单语言由谁确定，不作对被保险人或保险公司有利的任何假设或解释，以及不考虑被保险人或保险公司的合理预期。"

一般情况下，合同一方能够通过合同条款将自己的法律权利放弃。比如，保单持有者通常会在合同中利用有约束力的仲裁条款放弃他们的由陪审团判决的权利。

这类条款是有问题的。首先，不清楚这种放弃是否可依法执行。它像是一种大多数人可能会同意的基本公平的声明。保险经验不足的被保险人可能不知道，通过接受这种具有表面意义的陈述，他们实际上放弃了在保单语言有歧义的情况下，获得普通法保护的权利。

其次，此类条款可能违反公共政策。如果将它放在个险类保险单中，州保险监管人员是不太可能会批准，或不太可能被法庭所执行的。

有人会辩称，旨在放弃合理预期和"对草拟人不利"原则的保单条款可能适合大型商业风险，这种企业所有人在进行保险交易时比较容易了解合同条款的含义，并能保护自己的利益。只要这种权利上的放弃是显而易见并真正让对方所知，只要不存在监管或执行上的问题，此类保单条款可以在合适的情况下生效。

第二部分
PART TWO

在草拟和解释保险合同上的特殊问题

法庭经常用第一部分中讨论的合同解释原则来解决保险合同的争议问题，另外还有许多其他保单草拟者必须遵守的规则。第二部分讨论这些规则，以及提供在草拟保险单时如何使用它们的指引。

第五章介绍成文法或行政法对保险条款内容的规定。该章将重点放在确定何时成文法或行政法规定更改保单含义。

第六章讨论公共政策法在解释保险单中的作用。法规和公共政策法可以限制保险公司和保单持有者在确定保险交易条件上的可操作性。但是，我们将看到，有可能巧妙地处理法规和公共政策法，使得它们对合同一方有利但对另一方不利。

但是，在多数情况下，合同在调节法律关系上是一些灵活的机制。第二部分中讨论的大多数规则和原则是关于合同双方意图的假设，这些假设能够通过有效地草拟保单条款来克服。的确，许多法律规则只不过作为常规措施，这些措施只有在双方未表达不同意见的情况下才能对保障结果进行控制。

本部分的其他章节讨论适用于不同类型保险条款的特殊规则。

第七章的重点放在承诺、条件和陈述的发现、使用和表达上。

第八章讨论如何处理承保协议和除外条款。

第九章讨论批单和其他修改保障部分的其他方法。

第二部分的内容强调如何草拟不同种类的保险条款，了解合同草拟技术对保险合同的解释也很有帮助。许多人相信，最近对常见的保障附表的大多数修改在性质上只不过是一种编辑而已。但是，这些更改经常导致不同的保障结果。

第五章　成文法和行政法

成文法和行政法（Statutes and Administrative Law，由公共官员如保险监督官制定的管理规定）优先于合同表述。如果保单条款违反法律规定，法庭会拒绝执行这些条款或有时修改保单条款。

不了解成文法和行政法规定可能导致错误地作出购买保险的决定。比如，保单购买者可能决定购买一种保险而不是另一种，因为前者不过在条款中重申了适用的法律，但这两种保险单在法律规定的事件上基本上是一致的。如果光凭重申法律规定购买保险单而不考虑其他区别，是一种误区。

保险公司和保单持有者可以规定，在解释保险单上采用哪种管辖权法律，但法庭并不经常执行这种法律选择条款。

第一节　对保单内容的规定

在不同的时点以及以不同的程度，政府当局而不是法庭会就保单内容问题，在保险公司和保单持有者的合同关系上介入。虽然在类似国家保险监督官协会那样的机构的努力下，美国保险条款具有一定的统一性，但各州对保单内容的管理规定差异很大。

大多数但不是所有州对保单内容都制定了限制性规定，这些规定通常按照险类划分，内容包括对法庭以及行政裁决的注释。

与保单内容相关的监管方案对罚款、禁令和其他执法机制都做了规定。

但是，法规和其他条例也会引起关于是否保单条款可以执行，或者是否法庭应当将法律规定的条款放在保险单中阅读的争议。是否法律规定优先于保单内容，则取决于对以下问题的答案：

（1）是否法律明确规定，对因违反法律规定的受害方实施私力救济（private remedy，指权利主体在法律许可范围内，依自身实力通过实施自卫或自助行为救济被侵害的民事权利）？

（2）如果没有，是否在成文法或立法历史上有过私力救济的暗示表述？

（3）如果上述两个问题的答案都是否定的，法律规定的目的是否是表达公共政策？

一、强制性语言

成文法或行政法可以规定保险单或保单条款的准确语言。强制性语言（Mandatory Language）的一个例子是1886年在纽约首次规定以及1943年修改的标准火灾保险单。各种州法规可以停止强制性的语言的使用，但也可以通过规定常用的词语定义来达到相同的效果。比如，得克萨斯州法律在火灾保险单中确定了"爆炸"一词的定义。

实施强制性合同语言或禁止使用特定词语的州法规按照成文法或行政法规则解释。法庭广义地解释保险责任或法定授权条款以促使政府目的的实现。这样，在一个涉及强制性无保险驾驶员保障的案件中，"撞车逃逸"（hit and run）这一短语被解释为无须要求在事故中有任何接触。法庭是根据其对立法意图的分析得出这种结论。法庭发现，立法者的意图是对无保险驾驶员的受害者进行赔偿。

这不意味着可以任意将一种保险单中的法定表述剪贴到另一种保险单上。成文法或行政法的保护性规则并不一定就能够移植到另一种保险单上，或者甚至在保险单的另一章节中使用。

即使保险单由保单持有者草拟，以及保险单在其他领域提供宽泛的保障，法庭也会将法定语言放在保险单中阅读。这样，当保险公司不采用强制性保障条款，被保险人可以起诉，要求依法执行保单条款或法律规定的条款。如果保险单的条款与法律规定得不一样，那么法庭可以宣布合同中的违规条款不可执行或无效。

放弃或缩小强制性保障条款的利益的企图一般是无效的。比如，明尼苏达州保险法要求火灾保险单使用 1943 年纽约标准火灾保险单，或者不能比 1943 年保险单更加不利于被保险人的其他保险单。在一个案件中，保险人将由于其他被保险人的故意行为造成无辜被保险人的损失除外。法庭拒绝执行该除外条款，因为该条款未与保险法规定一致。

涉及保险合同内容的法规通常针对的是保险公司而不是保单持有者。即使法律规定采用的是命令式语气（任何保险单都……），法庭仍然可以强制执行对保单持有者有利但与法律规定不一致的条款。这种明显单方措施的合理性在于立法的目的是保护保单持有者。

除非法律有不同的规定，保险公司可以向保单持有者提供保障更加宽泛的条款。考虑以下案件。保险单规定，被保险人的故意误告行为（而不是无辜的）将使得保险单无效。佛罗里达州法律规定，任何误告行为，不管是无辜的还是故意的，都会使得合同失效。法庭认为，一旦保险人制定了自己的使合同无效的标准，此后它就不能使用对被保险人更加严格的标准。

二、被禁止的条款

成文法和行政法规定可以禁止或极大地限制保险条款的使用。这些规定禁止保险人要求保单持有者放弃某些权利或者承担难以承受的索赔报告程序。但是，有时保单草拟者可能由于法律的不寻常禁止性规定而感到意外。比如得克萨斯州保险法规定，一切险保险单不能包括不必要的保障，并禁止在火灾保险单中使用共保条款（但是，该禁止不适用于承保棉花、粮食或其他在营销、船运、仓储或生产过程中的产品的保险单）。

三、经批准的保障附表

大多数情况下，法律授权保险监督官或类似的公共官员对保单内容进行管理。授权法赋予公共官员批准或拒绝批准由保险公司或代表保险公司上报的保障附表。法律规定了审核保障附表的标准。比如，在纽约：

"监管人员可以拒绝批准以下保险单：（1）如果与所收取的保险费相比，保险单提供的利益不合理；（2）如果保单条款鼓励误告或不公正、不公平、误导、欺诈或违反州法律或公共政策。"

规定在保险单中采用特定表述的法律，与要求公共官员批准保单表述的法律大不相同。保单获批并不等于都安全地通过保险合同解释原则的检验。如果被批准的保险单有歧义，与保单持有者的合理预期有冲突或者违反公共政策，保单持有者仍然可以表示异议。保险监管部门批准保险单可以作为对这种异议的抗辩，但是监管部门授权使用并不是最终的结论。

四、未遵守法律规定

少数州成文法明确规定，未遵守保险法的保单条款是无效的（null and void）。还有些州的成文法则要求，应按照合规条款的解释方式来解释违规条款。比如，爱达荷州保险法规定：

"任何含有与保险法不一致的条件或条款的保险单、附加条款以及后来签发的有效批单并不因此无效，而是需要解释和应用这些条件或条款，仿佛它们的应用是在该保险单、附加条款或批单完全遵守保险法规定的情况下。"

但在大多数州，规范保单内容的成文法并没有提及，是否违规条款会影响保险合同双方的权利和义务。法庭对是否违规条款使得合同表述失效的意见不一。

还有些法庭认为，未能遵守关于保单条款需经批准的规定，并不能因此使得未获批的条款失效。他们注意到，在普通法中不存在的私人诉权（private right of action），不能被未以明示或暗示的方式提供私力救济的成文法所创建。因此，这些法庭认为，成文法不能改变合同双方的权利和义务。该规则的主要合理性在于"司法克制"（judicial restraint）规则，即立法机构尚未明示或暗示的法律权利是不被认可的。

在一个康乃迪克州的案件中，雇员从被保险人的马厩阁楼上搬下喂马的饲料时，不慎将落下的草包砸在原告身上。法庭判原告获赔95 000美元，原告后来又根据权利转让原则向保险公司提起诉讼。在发生意外事故时，被保险人持有综合个人责任保险单以及以下附贴批单：

"双方同意，本保险并不适用于由于维护、拥有和使用马匹造成的人身伤害或财产损失。"

保险公司曾经将综合个人责任保险单以及上述批单向康乃迪克州保险部报批。该部门的主审员批准了保险单，但未批准马匹责任除外批单。在这种情况下，法庭判决，保险公司违规并未使得该除外批单失效，因为立法机构并未表示根据保险公司的违规行为创建私力救济的意图。因此，马匹责任除外批单依然有效。

在1954年的麦卡洛传输公司诉弗吉尼亚溢额保险公司案件中（McCullough Transfer Co. v. Virginia Sur. Co.），被保险人辩称，自己的企业机动车保险单的追溯性保险费批单（retrospective premium endorsement）从未被俄亥俄州保险部批准过，因此是无效以及不可执行的。但法庭拒绝了这种辩解，并表示：

"合同双方同意，保险业务受公共利益的影响，而且受州法律管辖。但我们不同意被保险人辩称，由于未能遵守监管规定（要求使用批准过的保险单），双方自由订立的合同无效。

"俄亥俄州的通用法则（Ohio General Code）并未明文规定，未能遵守该法则中的任何规定会使得保险合同失效。如果立法机构有这种意图，它很容易用语言明确表示。正相反，法律规定了故意违规行为罚款 500 美元，而且还规定，如果保险人未能遵守监管规定将被注销执业许可证。

"考虑了该法则的一些条款后得出的结论是，立法机构的目的是通过处罚而不是宣布含有未经批准的条款的保险合同无效来规范保险业务。"

还有许多其他案件的判决都支持关于保险监管部门特别拒绝的条款表述是不能执行的提议。在一个案件中，伊利诺伊州保险部明确拒绝批准将保险保障仅限于 25 岁以上的人的批单（与上述马匹责任除外批单案件及麦卡洛案件不同的是，前者仅是未予批准，但未明确拒绝）。

有一个案件涉及在佛蒙特州的帕克垃圾填埋场产生垃圾的问题。保险批单约定，保险责任并不适用于污染索赔。但是，佛蒙特州保险部拒绝采用有争议的 1989 年的污染除外条款版本。根据佛蒙特州法律，在该州签发的所有保险单都必须向监管部门报批。法庭认为，保险单中的污染除外条款不能执行，因为监管部门明确拒绝使用它，因此保险公司有义务对因填埋场污染事故引起的诉讼为保单持有者抗辩。

在一个得克萨斯州审理的案件中，法庭判火灾保险单的批单无效，该批单州保险部未予批准，因为"如果不这样，禁止使用除了监管部门批准之外的保险单这一规定就不会产生真正的效果"。在佛罗里达州的一个类似案件判决中，法庭表示：

"……保护公众利益是本法存在的主要目的。

"由于保险公司未能使批单获批，其行为必须作有利于被保险人但不利于保险公司的解释。"

法庭对所适用的成文法的解释能够控制案件的判决结果。在一个以明尼苏达州法律为基础的案件判决中，法庭将重点放在"这些惩罚是在法律规定之外的额外惩罚"（such penalties may be in addition to any other penalty provided by law）这一法律表述上。根据该表述，法庭认为，成文法创建了保单持有者针对保险公司的私人诉讼权利。

在2001年的格什温诉宾夕法尼亚州雷丁美国损害保险公司案件中（Gershman v. American Cas, Co. of Reading, PA, 2001），特别密苏里州成文法禁止保险人在未事先通知被保险储蓄和贷款公司的财务部主任之前，自行修改签发给该公司的，监管部门已批准的董事和高管人员（D&O）保单条款。该法律规定的目的是使财务部主任能够检查签发给金融公司的D&O保险单的可用性和可购性。法庭认为，除非认定未经被保险人同意的条款修改是无效的，否则就没有什么可行的办法去执行该法律规定。

一个内布拉斯加州的案件涉及的问题是，是否相关的批单本可以获得州保险部的批准。在后来的判决中，法庭再次表达了自己的观点：

"我们并不认为本案中的批单仅仅因为它未提交给保险部并得到它的批准而无效，而是因为该批单违反了公共政策，保险部是不可能批准的。"

五、欺诈行为

如果保险人违反了反欺诈行为的法律规定，法庭的判决始终对保单持有者有利，其原因是，这些法律设计用来保护消费者的利益，并以暗示的方式向受害的保单持有者提供私力救济。

比如，法律要求保险人在额外收费的情况下，向机动车保单持有者提供无保险驾驶员保障选择。法庭认为，由于保险人未能向保单持有者提供这种选择，保险人就有义务向在涉及无保险驾驶员交通事故中受伤的保单持有者支付无保险驾驶员利益。在美国第九次巡回上诉法庭判决的一个具有重大经济意义的案件中，法庭认为，1984年的加州地震保险法（该法要求家主保险人提供地震保障）以暗示的方式允许保单持有者针对保险人违反该法的行为提起诉讼。

第二节　条款解释与管理规定一致

如果法庭不自行解释保险条款，它们往往采用类似保险监督官或首席检察官那样的公共官员的解释。这些解释材料的来源可能包括各种管理规定以及在针对保险公司违规诉讼所作的行政判决，但受已决事件（res judicata）和司法禁止反言原则（judicial estoppel principle）的限制。

第三节　法律选择

一般情况下，由州法律管理合同上的争议。如果在不同的州法律之间存在分歧，对适用法律的选择将决定保险保障诉讼的结果。

从历史上看，合同缔结地法（lex loci contractus），即订立合同所在地的法律，确定所适用的实体法的规则。但是，多年来许多司法管辖区采用不同的规则。

大多数州的法庭在选择适用的法律时考虑一些如在第二次重述法律冲突[Restatement（Second）of Conflict of Laws]中所列出的因素，这些因素包括：

——合同签发或递交所在地；

——合同双方居住地；

——风险所在地；

——与争议案件相关的州在案件中的利益关系。

有些州有自己的特别适用于保险合同法律选择的规则。比如，采用新泽西法律的第三巡回法庭认为，环境污染索赔必须在特定地点的法律框架下考虑，该框架与适用于其他索赔的合同分析方法不同。

保险合同或其他合同方可设法通过州外（如海外）交易来绕过管辖权限制，或者规定采用特定管辖区的法律，但这样做受到一定的限制。有些原因可能使得法庭拒绝执行法律选择条款，这些原因包括：

——为了保护立法州的公民，所制定的成文法的效力高于保单表述。许多州特别规定，由州法律管辖：

- 在该州提出投保申请的保险单；
- 向该州公民或居民支付赔款的保险单；
- 承保该州的生命或利益的保险单；
- 由被授权在该州从事业务的保险人签发的保险单；
- 由在该州从事业务的代理人安排的保险单。

——在特定的州的法庭可能没有对个人或标的的管辖权，或者可能拒绝接受管辖权。

——选择法律或法庭的条款被拒绝，因为：

- 条款不够明确；
- 管辖权条款隐藏在保险单的极小字体中；
- 执行管辖权条款会造成根本上的不合理；

——选择管辖权违反公共政策。

第六章 公共政策

类似其他任何合同,法庭以符合公共政策的方式解释保险合同。"公共政策"(Public Policy)是指在健康、安全、道德和公共福利方面已经确定下来的、通行的社群标准。这种公共政策的存在及可接受性是由法官判决的法律问题。但是,保单条款经常对法庭评估是否保单语言违反公共政策产生影响。

第一节 公共政策的来源

公共政策的来源包括成文法和行政法,与安全、健康、道德和公众的一般利益相关的联邦和州政府的主流思想以及普通法。

在1994年的霍尔诉亚美加相互保险公司案件中(Hall v. Amica Mut. Ins. Co., 1994)法庭是这么说的:

"公共政策应通过参考法律和判例而不是根据对所谓的公共利益的一般性考虑来确定。由于'公共政策'一词比较模糊,必须在主权法中找出明确标志以证明违反公共政策的合同是无效的……只有占主导地位的公共政策才有必要这么做。在未表明公共政策是通过长期的政府实践或法律规定而形成,或在未违反伦理或道德标准的情况下,法庭不应当宣称合同是违反公共政策的。法庭必须等待立法结论。"

总之,公共政策概念针对的是对广大公众而不是对个人有利或有害的行为。但是，有时所保护的特定利益仅限于某一类人。

进而言之，对公共政策的考虑并不自动导致有利于保单持有者或有利于保险人的判决。不如说，公共政策确定的是法庭将其应用于特定合同争议的较好的原则。

比如，在1978年的泰勒诉凤凰相互人寿保险公司案件中（Tyalor v. Phoenix Mut. Life. Ins. Co., 1978），团体保险单项下的被保险人发生意外事故导致半身不遂。不过法庭认为，公共政策并不要求应当将保险单解释为承保在非保险康复机构中发生的费用，这种费用显然不属于保险责任范围。"自然感觉和本能都表明，应当尽力减轻被保险人的费用负担，但是公共政策并未这样表示。相反，公共政策表明，在无欺诈、强迫、胁迫或其他不当行为的情况下，所订立的合法和明确的合同应当予以合理的解释和执行。"

第二节 拒绝与公共政策不一致的条款

违背公共政策的保单条款是不可执行的。"是否以公共政策为由，认为所作的承诺或所订立的协议是不可执行的，则取决于执行或不执行该公共政策在利益上的权衡。"在2004年萨拉蒙诉进步经典保险公司案件中（Salamon v. Progressive Classic Ins. Co., 2004），被保险人在递送比萨途中不慎造成交通事故，对方受伤的驾驶员向被保险人提起诉讼。但是，被保险人的个人机动车保险单将"以获得报酬或费用为目的的人员或财产运输除外，包括但不限于运输杂志、报纸、食品或任何其他产品"。法庭认为，所谓的比萨除外条款是违背公共政策、是无效的。马里兰州法律要求车辆所有人持有规定金额的强制性机动车责任保险。比萨除外条款将被保险人在某些情况下的保障降低到最低水平之下。由于法律并未特别授权保险人使用比萨除外条款，法庭认为该条款无效。

各种保险单使用不同的"其他保险"条款。这些与特定损失相关的条款可能是互不兼容的，并导致大量的诉讼，使被保险人处于被动的境地。有些法庭制定了分层性结构（hierarchical structure，指一种数据结构，分几个层次，类似树状结构。比如，普通责任保险的其他保险条款分基础保险和超额保险两个层次），以明确不同类型的"其他保险"条款参与损失分摊时的场合。少数法庭认为，互不兼容的"其他保险条款"是相互矛盾的，因此以维护公共政策为由拒绝执行该条款。少数人认为，不应当让保险人享受导致增加诉讼、延迟向被保险人赔偿的保单条款（类似其他保险条款）所带来的好处。

第三节　按照与公共政策一致的方式解释条款

法庭可以解释保单条款，使保险合同不会与公共政策产生冲突。

法庭对个人机动车保险除外条款的修改是一个很好的例子。在1994年的国家诉国营农场保险公司案件中（Nation v. State Farm Ins. Co., 1994），父亲在驾驶借来的汽车时打盹并导致交通事故的发生，他的5岁的儿子被撞身亡。儿子的财产管理人向父亲提起诉讼。国营农场保险公司一共签发了3份个人机动车保险单——1份给车辆所有人，另外2份给父亲。虽然有3份保险单都承保父亲的责任，但该保险公司辩称，儿子的索赔被所谓的家人除外条款所禁止，因为在该除外条款项下，由父亲的家庭成员所提起的诉讼被除外。

俄克拉荷马州高等法院认为，"家人除外条款"违反公共政策，而公共政策是促进州金融责任法的实施，该法要求所有的驾驶员都要持有最低金额的责任保险，以对外出旅行的公众提供保护。因此，法庭认为"家人除外条款"仅能禁止对法律规定的每人最低10 000美元限额以上的金额提供保障。法庭认为，3份保险单中的每份都对儿子的财产分别提供10 000美元的责任保障。

另一个相关的案件涉及宾夕法尼亚州的血液保护法（Blood Shield Statute）的含义问题。成千上万的血友病患者声称，他们接触了由保单持有者生产的凝血因子中的艾滋病病毒，并向保单持有者提起集体诉讼。导致该保障诉讼的关键问题是，凝血因子在责任保险中是一种产品还是一种服务。如果提供凝血因子是一种服务，那么产品风险因素除外条款就不适用。部分根据作为血液保护法基础的公共政策，初审法庭作出对保单持有者有利的判决。法庭认为：

"20世纪80年代早期，在提供血液时，血液加工者是无法发现艾滋病病毒的。凝血因子是一种必要的产品，它能使血友病患者能够享受有质量的生活。让厂家承担潜在风险的成本将会不可避免地导致减少在市场上获得凝血因子的可能性。尽管凝血因子所传播的艾滋病病毒会导致灾难性后果，但多数宾夕法尼亚州法庭都在血液保护法项下对这些产品的生产厂提供保护。

"将产品风险因素除外条款用于因使用凝血因子导致的索赔是违背宾夕法尼亚州的血液保护法的意图的。因此，为了与血液保护法的意图保持一致，以及根据本法庭所预见的宾夕法尼亚州高等法院的意见，我们认为，保单持有者的凝血因子是一种服务，在产品责任风险事故项下是不被除外的。"

强化公共政策的保单条款的解释是比较宽泛的，仲裁条款也许是最好的例子。法庭倾向于认为，仲裁对减少积案以及加快争议解决是很有帮助的。因此，法庭比较自由地解释仲裁条款以促进公共政策的执行。

举另一个例子。被保险人非法地为病人弄来一份药方，导致后者因服用该药方所配的药而死亡。死者遗产的法律代表起诉被保险人。家主保险单将由于犯罪行为造成的伤害除外。被保险人认为，自己在该谋杀罪案件中并无必要的主观意图，因此该除外条款应当按照公共政策的目的予以宽泛的解释。法庭拒绝这种辩解并认为，不管是否存在主观意图，只要有违法行为，保单都将此除外。

在1994年的美国家庭保险公司诉科恩案件中（American Home Assur. Co. v. Cohen，1994），保险公司向心理医生签发了1 000 000美元的职业责任保险单，其中不当性行为的分项责任限额为25 000美元。由于该心理医生与他的病人发生不当的性关系，该病人和她的丈夫向医生提出性行为不检指控，辩称25 000美元的分项限额是违反公共政策的。

华盛顿高等法院不同意，并认为"公共政策并不是一种有精确定义的措辞，而且实际上也无法赋予其确切的含义"。一般情况下，"如果合同条款不被法律所禁止，被司法判决所谴责，或者违反公共道德，这种合同条款是不违反公共政策的"。职业责任保险单承保医生的不当性行为所导致的索赔，法律并未予以禁止，因此该保险单是不违反公共政策的。

如果保单的除外或限制性条款削弱了州法向侵权行为受害者提供某种程度的保障的强制性规定，法庭认为这种保险单违反公共政策。比如，州无保险/不足保险驾驶员法要求保险人提供某种金额的保障，使得那些在由无保险或不足保险驾驶员造成的机动车意外事故中受伤的被保险人能够获得赔偿。未以法律允许的方式限制该保障的保单除外条款，被认为是违反无保险/不足保险驾驶员法中所体现的公共政策。

当时并没有一种类似的华盛顿州法律强制规定对不检性行为的受害者提供某种程度的保障。心理医生必须是注册医师，如果与病人发生不当性关系必将受到行业纪律的惩罚。但是，这些行业规则并未对心理医生的保险要求作出规定。

根据以上事实，法庭的结论是：

"该保险单项下的分项责任限额与保险人所承担的风险相当，而且未与任何规定向受害者提供充分赔偿以及对医生的保险保障的公共政策产生冲突。我们不觉得，保险单中针对医生的分项限额明显对公共利益造成损害。"

第四节　基于公共政策的默示除外条款

有许多将保险保障除外的情况，它们不是因为保单条款的缘故，而是因为法庭对保险性质的解释而被除外。法庭认为以下情形是违反公共政策的：

——被保险人在财产中没有保险利益，或者在发生损失时，赔偿金额超过保险利益。如果缺乏保险利益，保险合同就是一种赌博合同。赌博合同违反公共政策，因为法律禁止赌博，赌博也增加故意损害的道德风险。

——被保险人在出具保险单之前就知道损失已经发生。知道保险损失已经发生是不能再承保该损失的。还有一种相关的规则，称为"在发展中的损失"（loss in progress）。该规则将保单签发之前开始发生并在保险期间持续发生的损失除外。在1998年的美国国会保险公司诉哈德古公司案件中（United Capitol Ins. Co. v. Hoodco, Inc., 1998），被保险人在签发保险单时已经知道洪水正在上涨，河堤已经溃塌，一天之后洪水到达并淹了被保险人的商店。在这种情况下，洪水保险单对被保险财产的损失不予负责。是否已知损失原则也适用于第三者责任，至少直到被保险人意识到自己要承担法律责任为止，对此法庭有不同的意见。在1995年的蒙特罗斯化学公司诉海运上将保险公司案件中（Montrose Chem. Corp. v. Admiral Ins. Co., 1995），已知损失原则无法阻止被保险人在法庭最后判决之前购买责任保险单，也就是说，被保险人可以在确定其要承担责任之前购买保险予以防范。但在1992年的舷外海洋公司诉利宝相互保险公司的案件中（Outboard Marine Corp. v. Liberty Mut.Ins. Co., 1992），尽管第三方责任诉讼还未达到不利于被保险人的最终判决，已知损失原则禁止被保险人在知道自己极有可能要承担责任的情况下购买责任保险予以防范。

——有犯罪行为的被保险人是不可以获得针对该行为后果的保障的。

——惩罚性损害赔偿是不可保的。惩罚性损害赔偿通过惩罚违法犯罪者来阻止极端恶劣行径的发生。如果罪犯能够从保险公司那里为其犯罪行为的财务后果获得赔偿，惩罚性损害赔偿的功效会大为降低。

文框 6-1

违反合同约定除外条款

除了一些例外，标准的商业普通责任（CGL）保险单在两种情况下提供合同责任保障：一种是合同责任条款特别承保被保险人在"所承保的合同"（insured contract）项下承担的对他人的责任；另一种是保险责任适用于当被保险人未能履行承诺而导致人身伤害或财产损失的情况下（标准的CGL保险单特别将由于被保险人在以下特定情况下违约所引起的责任除外：一是如果"被损害的财产"（impaired property）可以在指明被保险人履行合同约定的情况下恢复使用，那么"被损害的财产"除外条款就适用；二是广告伤害保障部分将由于违约所引起的责任保障除外）。

许多但不是多数雇佣实践责任（EPL）保险单排除了对由于违反合同约定造成损害赔偿的保障。由于公共政策的原因，EPL保险单可能排除对被保险人在错误终止雇佣合同之前所承担的义务的保障，比如欠付工资。但是，该除外条款可以解释为排除了由于违反雇佣合同中的诚实和公平交易这一暗示契约造成的其他损害赔偿的保障。此外，在是否认可雇佣协议中的暗示契约，是否违约应当被认为是侵权或合同诉因，以及可以判决哪类损害赔偿（如惩罚性或其他非经济损害赔偿）上，法庭存在意见分歧。保险购买者应当要求核保人澄清，保险单提供哪种雇佣实践保障。最理想的做法是，违约除外条款应当仅适用于欠付工资和离职金。

第五节　在草拟保险单时对公共政策的考虑

经常，有争议的合同条款表述对法庭判决是否保险条款违反公共政策产生影响。如果合同草拟者在起草合同时能够充分考虑公共政策问题，法庭执行该条款的可能性大为增加。公共政策问题可以通过法庭对由被保险人的故意行为造成的损失是否具有可保性的争议的判决予以解读。有两种公共政策经常在解释第三者责任保险单上产生冲突：

——被保险人不应当从其过错行为上获益；

——过错行为的受害者应当获得赔偿。

上述两种情况在逻辑上存在冲突。也就是说，当被保险人的过错行为造成第三者损害，如果被保险人得不到保险赔偿，受害者也难以从前者获得赔偿。

在制定公共政策，并将其应用于上述每一种情况时，法庭会确定故意行为除外条款的合理性以及法律后果。在大多数州，惩罚性损害赔偿以及代为实施的故意行为所导致的责任是可保的。

法庭在评估行为意图时，在主观或客观标准、预期或故意结果，以及由公司的一般雇员还是由高级管理人实施上，是有区别的。比如，当雇员在雇佣范围内行事时，有些法庭将一般雇员的故意行为或知道事件发生归咎于公司的保单持有者。还有一些法庭认为，只有在被保险公司的高管人员特别授意，通过一般雇员或代理人实施并造成损害时，才应当拒绝因故意伤害行为对公司提供保障。

这样，采用纽约州法律的联邦法庭认为，在确定是否公司保单持有者故意造成损失时，"决定性的问题"（dispositive question）是"高管人员知道些什么、何时知道及他们从所了解的信息中得出什么结论"（见1973年的达特工业公司诉利宝相互保险公司案件——Dart Indus., Inc. v. Liberty Mut. Ins. Co., 1973）。

尽管在故意行为责任的可保性方面还缺乏明确和具体的法律规则，保险人仍可以在保险单中解决这个问题。在草拟故意行为除外条款时，保险人经常能够形成自己的表述方式。故意行为表述的重要性可以在一个1997年的密西根上诉法庭判决的案件中看出。该案件涉及CGL和家主两份保险单。被保险人和其儿子犯了纵火罪将前者的服装店烧毁。他们还被指控犯有其他针对毗连的两家店铺的纵火罪，但被判无罪，CGL保险单负责赔偿毗邻店铺的损失。

法庭被要求对父亲的CGL保险单以及家主保险单的故意行为除外条款作解释。CGL保险单有一个标准的故意行为除外条款，即

"本保险不适用于：

a. 从被保险人的角度看，是故意或预期的（intended and expected）'人身伤害'或'财产损失'。"

法庭判决，CGL保险人要拒赔就必须表明，被保险人在主观上造成的故意或预期的伤害。法庭还认为，只有当被保险人主观上有目的地损坏毗邻的财产时，该除外条款才适用。"

家主保险单中的故意行为除外条款规定，该保险不适用于：

"a. 人身伤害或财产损失可以从被保险人的故意或犯罪行为上合理地预期，或者实际上就是被保险人的故意行为造成的。"

CGL保险单和家主保险单表述上的区别在于，前者适用于由被保险人的主观行为造成的伤害，而后者适用于根据主观或客观标准，由"合理预期"的故意行为造成的伤害。根据案件的事实情况，法庭认为，对毗连的建筑物造成的损坏是合理预期的，因此家主保险单不承保该损失。

没有什么可以阻止保险人使用比较特定的除外条款，以达到其在故意行

第六章
公共政策

为除外条款项下拒绝提供保障的目的。比如，责任保险人可以排除被认为是违法行为造成的伤害，这样就可以回避是否犯罪过程中造成的伤害是保单持有者所预期这一问题。

尽管被称为故意行为除外条款（intentional act exclusion），但该条款在 CGL 或家主保险单中实际上是故意结果除外条款（intentional result exclusion）。在与错误和遗漏（E&O）责任保险单提供的保障进行比较时，这一点十分重要。打算实施某种行为并不一定出于导致保障失效所需要的恶意；依此类推，被保险人打算实施某种行为并不等于他想伤害第三者索赔人。在典型的 E&O 保险单中，故意行为除外条款与被保险人的行为相关。通常，保险人举证被保险人故意行为比举证故意造成某种结果更加容易。而且，法庭更可能宽泛地解释故意行为除外条款。在 1994 年的赖德奥特诉卡拉姆及福斯特商业保险公司案件中（Rideour v. Crum & Forster Commercial Ins., 1994），法庭支持行政听证对于被保险人故意歧视的裁决，认为该除外条款适用，因为被保险人对其提起歧视诉讼的雇员实施报复。

除非被法律所禁止，如果合同双方打算承保故意行为，法庭倾向于同意提供这种保障。比如，子女受到性侵害的家庭在协商赔偿中获得性侵者所转让的保单项下的权利，并在承保性侵者的职业责任保险项下设法获得补偿，该性侵者是阿拉斯加大哥大姐公司（Big Brother and Big Sister of Alaska）的常务董事。该保险单特别承保故意行为。法庭认为，如果保险人明确提供性侵犯保障，而且保险单设计用来为因故意不当行为遭受伤害的无辜第三方提供赔偿，公共政策是不禁止这种故意行为保障的。

法庭可以推断承保故意行为的意图。在 1991 年的巴尔加斯诉哈德森县选举委员会案件中（Vargas v. Hudsson County Bd. of Elections, 1991），签发给一个政治组织的 CGL 保险单为处理被指控故意威胁少数派投票人的诉讼事件所导致的责任提供保障。法庭承认，违反民权行为会产生抗辩故意行为诉讼的可能性。但法庭的理由是，保险单应当承保故意违反民权行为，因为该保险单已经有个批单承保类似错误逮捕、扣留、恶意指控和诽谤的故意行为，而这些故意行为实际上也是侵犯民权的行为。

有一个尚未完全解决的问题是，禁止为某些类型的极端恶劣行为提供补偿的法律规定，在多大程度上优先于保险单对以明示或默示的方式承保故意行为的约定。对该问题的解决取决于法庭对相关法律的解释。

在某些州，负责州保险管理的公共官员的判决也具有相当的分量。如第五章中所介绍的，法庭倾向于遵从行政裁决。这样，在1990年的美国管理协会诉大西洋相互保险公司的案件中（American Mgmt.Ass'n v. Atlantic Mut. Ins. Co., 1990），法庭引用了纽约保险部信函中关于支持在雇佣实践责任保险项下承保故意行为的以下表述：

"本保险部的结论是，对歧视行为的责任保障，如果仅仅是以差别性影响（disparate impact，相对于差别性对待，指一种法律原则，它声称，如果某种政策因为群体的种族、肤色、宗教或性别的原因对该群体产生不利影响，该政策就是歧视性的）或替代责任为基础，是不违反公共政策的，因此是允许的。

"保险部的结论是，针对任何种类的歧视行为的严厉的公共政策，实际上通过允许替代责任索赔（vicarious liability claim）或差别性影响歧视索赔而得到进一步的加强。让雇主注意到其行为可能造成潜在的非法歧视，保险人的损失控制措施和核保标准应当能够阻止这些行为的发生。任何未努力对雇佣程序做相应改变的雇主，将被拒绝向其提供保险保障。如果确实发生了非法歧视行为，保险保障将有助于保证受害者得到赔偿。"

> **文框 6-2**
>
> ### 故意行为和性别歧视
>
> 在 1998 年的两个高度公开的案件判决中,美国高等法院再次确认了性骚扰法所涉及的宽泛范围,但宣称,如果雇主采取了合适的避免和纠正措施,他们可以抗辩。就故意行为责任免除而言,这两个判例是一把"双刃剑"。一方面,保险人可以辩称,由于被保险人未采取避免或纠正措施,使得索赔肯定或基本肯定要发生;另一方面,保单持有者可能辩称,避免或纠正措施的后果是难以预期的(即是偶然性的),因为高等法院还未指出,哪类特定的避免和纠正措施是成功地进行抗辩所需要的。

第六节 雇佣实践责任保险中的故意行为除外条款

由于雇佣实践责任保险(EPLI)涉及一些责任保险的概念问题,需要对 EPLI 除外条款作一说明。EPLI 保单在处理故意行为保障上采用不同的表述方式,以下简单分析这些条款:

——第一种保险单并无明确的故意行为除外条款,依据的是公共政策中所表示的例外情况。案例法的一种明显教训是,多数法庭更加重视保险单中的除外责任是如何表述的。由于该原因,保险单中缺乏明确的除外条款是一种消极的做法。总之,最好在保险单中制定除外条款以作为法庭处理保障纠纷的依据,而不是纯粹依靠法庭从公共政策的角度来处理案件。

——第二种保险单将"被保险人预期或故意"(either expected or intended by the insured)造成的伤害除外。使用"预期"一词将可能并不是"故意"造成的伤害的保障排除。但是,如上一节所讨论,在大多数索赔中,将重心放在结果（harm）而不是行为（act）上对被保险人有利。

——第三种保险单将由于被保险人未能遵守或不计后果地漠视（failure to comply with or reckless disregard）与雇佣实践以及与非意外损失相关的法律、命令、法规造成的索赔除外。该条款的意义是很微妙的，因为它用法庭语言来证明，拒绝为故意行为或非意外行为提供保障是合法的。另外，由于可以断定多数雇佣实践诉讼是以违反民权法第七章（Title Ⅷ）和其他法律为基础，不遵守法律规定的除外条款的解释对大多数被保险人的损失索赔都是致命的。

——第四种保险单将对索赔的保障限于一般性的过失、无知或替代责任，而且特别将恶意企图（malicious intent）除外。一般性的过失及无知在裁定违反某些雇佣实践法行为上是无关紧要的。总之，索赔人必须表明，被告存在实际或推断的意图或差别性对待的情况。另外，还存在替代责任是否涉及性骚扰行为的问题，即员工管理人员知道或参与性骚扰。

——第五种保险单排除了对"有目的或故意"（purposefully or intentionally）违反法律和雇佣实践行为的保障，该行为由被保险人自己或指示他人实施，而且是不诚实、欺诈、犯罪或有恶意目的或意图的行为。该表述不如前四种保单那样有所限制，但是在某些方面却又显得有些模糊。

——第六种保险单从被保险人以及可能从保险人的角度看可能是最佳的表述方式。它仅将任何"恶意"（malicious intent）行为除外，该短语在民权法第七章以及许多其他反雇佣歧视法中作为判决惩罚性损害赔偿的前提条件。

第七章　承诺、保单条件和陈述

保险合同的正文中包含承诺、条件、陈述及保证方面的内容。每一种条款在规范合同方的权利和义务上都发挥着特殊作用。

解释或草拟不同类型的条款需要采用两种技术。一是解释者或草拟者能够将这些条款分类，这并不是一件简单的工作。那些用来表述承诺、条件、陈述或保证的条款模板，与传统英语中使用的表述方式不同，是不能用直觉来判断的。其次条款解释者或草拟者应当了解各种类型的条款的法律含义。

> **文框 7-1**
>
> ### 草拟文书上的惯例
>
> 在起草文书时，制定了一些规则来表达权利、义务、裁量权和条件。
>
> | 创建 | 如何表达 | 否定 | 如何表达 |
> |---|---|---|---|
> | 权利（a right） | 有权（is entitled to） | 权利（a right） | 无权（is not entitled to） |
> | 自由裁量权（discretionary authority） | 可以（may） | 自由裁量权（discretionary authority） | 不可以（may not） |
> | 有义务采取措施（a duty to act） | 要（shall） | 有义务采取措施（a duty to act） | 不要求这么做（is not required to） |
> | 不采取行动的义务（a duty not to act） | 不得（shall not） | | |
> | 先决条件（condition precedent） | 必须（must） | | |

续表

创建	如何表达	否定	如何表达
保证（warranty）	愿意（will）		
这些首选方式并不是绝对的。通过采用传统性的表述，条款草拟者更容易开发比较准确地表达他的意图的文件，他的语言更容易读懂，在表述上更加一致。			

法庭允许保单持有者提供证据表明，保险业曾声称，污染除外条款并不打算将产品、完工和某些场所外的索赔除外。从保险单的草拟历史可能得知，保险业曾经表示，污染除外条款仅适用于超基金责任（Superfund liability），以及环境保护部所定义的有害物质。

第一节　承诺

合同中包含许多可以依法执行的承诺（Promises），而承诺是一种愿意以特定方式采取行动或不采取行动的表示。要使合同生效，它必须告知承诺者履行义务的意图，而该义务的履行是受约人有权期待的。根据不同的情况，保险人或保单持有者可能希望具体了解什么情况构成违约，它的后果如何。

一、使用以及滥用 shall 一词

除了其他可以用来表示承诺的动词之外[如愿意（will）、立约承诺（covenant）、同意（agree）]，shall（将要/要）一词也可用来表示承诺。如果保单草拟者采用现在时，读者就不会对 shall 一词是否用来表示一种义务、授权或先决条件而感到困惑。

如果 shall 一词表示一种义务，试一试用短语"有义务"（has the duty

第七章
承诺、保单条件和陈述

to）来替代。如果这种替代可行，shall一词的使用是正确的。以下句子两次使用shall一词。

"保单持有者'应该'（shall）每月提交价值声明，每份价值表'不要'（shall not）超过100 000美元（The policyholder shall submit a statement of values on a monthly basis, each of which shall not exceed $100 000）。"

第一个shall是正确的——保单持有者"有义务"提供价值声明。后面的名词从句是一个错误的祈使句；声称每一份价值声明"有义务"不超过100 000美元是没有意义的。

在祈使句而不是在陈述句中使用shall一词会造成混淆。考虑以下句子："The retention shall remain uninsured"（自留额是不保的）。根据shall一词所具有的不同含义（如"将要""可以""将""必须""应该"），该句子可以有不同的解释。为了说明这一点，该句子可以重新按照以下三种方式表述：

第一种

被保险人将不会承保该自留额（The insured shall not insure the retention）。

第二种

被保险人可以不承保该自留额（The insured may not insure the retention）。

第三种

被保险人先从自己的资金而不是在保险项下赔偿自留额之后，保险公司才赔偿损失（The insurance company shall pay loss only after the insured has first paid the retention from funds other than insurance）。

从授权或先决条件意义来讲，shall一词的使用问题就更多了。

"如果指明被保险人和另一家实体合并，保险人会寄送合同解除通知书（If the Named Insured and another entity merge, the insurer shall send a notice of cancellation）。"

保单草拟者可能打算规定，如果指明被保险人和另一家实体合并，允许保险人解除保险合同。但是，至少有两种解释行得通。一种解释为保险公司"有义务"（is obligated to）寄送通知书。如果在合并时未寄送通知书，可以被认为是保险人放弃了解除合同的有效权利；另一种解释为，通知是合同解除的先决条件。如果发生合并，保险单不会自动解除。相反，如果指明被保险人和另一家实体合并，保险人必须（must）在保险单解除之前提供解除通知书。

作为先决条件，shall 一词可以解释为要求在任何时候都要满足该条件。这样，该条款"被保险人必须是公司的董事或高管人员（the insured shall be a director or officer of the corporation）"可能指，当过错行为发生时或发生后（如提出索赔时），被保险人必须担任董事或高管人员职务。该前提也可以按照以下方式来表述："要成为被保险人，在过错行为发生时个人必须是公司的董事或高管人员（to be an insured, a person must be a director or officer of the corporation at the time a wrongful act takes place）。"

在与陈述相关的句子中，使用 shall 是不合适的。

"被保险人要/应该表示而且保证，从保险起始日开始，并不存在过去发生或尚悬而未决的针对他们的行政、民事或刑事诉讼。一旦违反该保证，保险公司可以撤销保险单，被保险人支付的任何保险费要/应该退还给被保险人（The Insured 'shall' represent and warrant that there is no prior or ending administrative, civil, or criminal litigation against them. In the event of breach of the warranty, the insurance company may rescind the policy and any premium paid by the Insureds 'shall' be returned）。"

以上句子存在的问题是，作为一般陈述句，第一个 shall（要/应该）不能使用。第二个 shall be returned 也不合适，因为该句子退保费部分采用的是被动语态，保险公司似乎被要求退还保险费，而不管他是否撤销保险单。

上述句子可以按照以下方式修改：

"被保险人表示，从保险起始日开始，并不存在过去发生或尚悬而未决的针对他们的行政、民事或刑事诉讼。如果这些陈述有任何不真实的地方，保险公司可以撤销保险单并退还被保险人已支付的任何保险费（The Insureds *represent* that there is no prior or ending administrative, civil, or criminal litigation against them as of the inception date of this policy. If any of these representations are not true, the insurance company may rescind the policy and return any premium paid by the Insureds）。"

另外，为了避免在持续性的要求和只不过是一种承诺之间存在混淆，最好用"将"（will）一词来表达持续性的要求。

"如果本投保书上的日期和保单生效日之间发现投保人的情况有任何重大的不利变化，使得本投保书不准确或不完整，任何对本保险有约束力的未决报价、授权或协议将终止（shall terminate，采用的是将来时态）。"

在上述句子中，保单草拟者使用 shall 一词，可能会引起争议，即"将终止"（shall terminate）是指在以后时间终止。假设草拟者的意思是立即终止。该条款可以按照以下方式用主动语态重新表述：

"投保人的以下授权签字高管人员同意，如果本投保书中提供的信息在本投保书上的日期和保险生效日之间发生变化，任何对本保险有约束力的未决报价、授权或协议立即终止（terminate，采用的现在时态）。"

如果不打算自动终止，可以采用以下表述：

"投保人的以下授权签字高管人员同意，如果在本投保书中提供的信息在本投保书上的日期和保险生效日之间发生变化，为了表明该信息在保险生效日是准确的，签字者将（will）立即通知保险人这种变化，保险人可以（may）收回或修改对本保险有约束力的未决报价、授权或协议。"

二、违反承诺及其后果

有约束力的承诺应当说明违反承诺的特别情况。考虑以下条款：

"保单持有者将使喷淋系统保持良好的维护状态（The policyholder will maintain the sprinkler system in good repair）。"

该短语"良好的维护状态"（in good repair）意义含糊。法庭可能拒绝执行该条款，因为它无法或不愿意为"良好的维护状态"这一短语提供一个确切的含义。该词适用于哪一种特定的损失事件也不明确。比如，如果法庭认为喷淋系统有缺陷是微不足道的，该条款也可能无法执行。

从上述例子看，如果喷淋系统并未处于良好的维护状态，该条款并未说明会产生哪些后果。是否保险人支付任何损失赔款的承诺，由于被保险人未能保持喷淋系统于良好的维护状态而得以免除？是否可以免除保险人赔偿部分由于违约所导致的损失？

当合同规定了未履行承诺所导致的后果，该合同才比较明确，否则就无法让法庭对如何赔偿作出判决。法庭可以狭隘地定义被保险人违反承诺的后果，或者甚至拒绝提供赔偿。比如，被保险汽车驾驶员开车撞上了摩托车驾驶员后逃离事故现场，而且未通知其责任保险人。被保险人将该事故信息透露给另一个人。两年后，后者将这件事向警察告发。被保险人因此遭到刑事犯罪指控，而且受伤的摩托车驾驶员也向被保险人提起民事诉讼。爱荷华州高等法院最终认为，只有在保险单特别规定违反保险条件会造成哪些后果的情况下，保险人才可以以违反保单条件为由拒绝赔偿。该案件中，由于保险单并未明确这一点，保险人不能以延迟通知而拒绝赔偿。

第二节　条件

作为法律术语，条件是保险单中的任何条款，它具有限制保险人所作的可依法执行的承诺的作用。被保险人未能履行条件会导致保险人在保单项下的义务被修改、限制或解除。比如，财产保险单可能含有共保条款，它要求被保险人持有的保险限额与保险价值相称。如果被保险人未能这么做，保险人仍然要支付赔款但要扣减被保险人自己应承担的部分损失。

相比之下，如果被保险人未能履行合同中的承诺，保险人可以起诉被保险人违约，而且在某些情况下有权获得其他救济。

如果合理的话，法庭会将保单条款解释为一种承诺而不是条件。根据一位有代表性的合同法教科书作者的观点：

"如果合同条款规定的某种行为，并未构成合同当事人交换的标的物的绝大部分，法庭宁可将该条款解释为实施某种行为的承诺，而不是将该行为作为被告履行义务的先决条件。根据前一种解释，未能实施该行为只不过使受害者获得由于对方未履行义务造成伤害的损害赔偿权利；另外，按照后一种解释，未能实施该行为会使得被告有权拒绝提供双方同意交换的属于被告的那部分。因此，合同中的以下明示条款：仲裁条款和在某些情况下的判赔条款；建筑师或工程师证书条款；通知条款；或提供损失证据条款，都被认为在本质上是承诺，并不成为被告履行义务的先决条件，除非在合同上明文表示不同的意图。"

保单条款不会因为它在条件部分列出而成为一种条件，关键看它是怎么表述的，而不管它出现在保险单中的任何地方。"条件"一词有时是指条款。因此，保单草拟者在使用"条件"一词时要特别注意。考虑以下例子：

"只有在保险公司授权评估以及，作为进一步条件，在由美国评估协会成员进行评估的情况下，保险公司才会向被保险人补偿评估费（The insurance company shall indemnify the insured for the cost of an appraisal only if the insurance company has authorized an appraisal and to the further condition that a member of the American Appraisal Association performs the appraisal）。"

法庭可能将"作为进一步条件"（to the further condition）这一短语表示为，保险人的补偿义务受两个不同条件的限制。该条款可以按照以下方式用现在时表达：

只有在以下两种情况下，保险公司才向被保险人提供补偿：

1. 由保险人的代理人授权被保险人获得评估结果；以及

2. 由美国评估协会成员进行评估。

（The insurance company shall indemnify the insured for the cost of an appraisal only if:

1. the insured is authorized by an agent of the insurance company to obtain an Appraisal, and

2. a member of the American Appraisal Association perform the appraisal.）

一、条件的类型（Types of Conditions）

保险合同有三类条件。

1. 先决条件（A condition precedent），是另一方履行义务之前一方必须满足的条件。比如，只有在被保险人报告索赔的情况下，保险人才履行自己所承诺的赔偿义务。

2. 并存条件（A condition concurrent），是合同双方同时履行的条件。

3. 后决条件（A condition subsequent），是一种将来的事件，在承诺可依法执行之后发生。要求被保险人在损失日之后两年内提起诉讼是一种后决条件。代位求偿条款有时作为后决条件。

经常难以确定是否保单表述为先决条件、并存条件还是后决条件，或者根本不是条件。保单条款必须仔细检查，以确定合同双方的客观目的。如果保单条款的意思不明确，法庭按照对被保险人有利的原则解释该条款。除非保单草拟者仔细表述自己的意图，否则就会导致条款无法确定为保险人履行赔偿义务的先决条件。

二、条件的法律重要性

在保险人履行赔偿或抗辩义务之前,必须满足保险条件的约定,除非该条件被免除。比如,财产保险单中有一条款,它要求在保险人赔偿贬值损失之前,被保险人必须在损失发生后两年内进行修理或重置。如果被保险人未做到,除非被保险人具有令人信服的理由以至于无法在规定的时间内进行修理或重置,否则保险人不负责贬值损失的赔偿,因为该条款规定是保险人赔偿的先决条件。

保险事故通知条款

保险单中往往制定了保险事故通知条款,规定被保险人应在可行的情况下尽快(as soon as practicable)将保险事故的发生通知保险人。如果未能做到这一点,对保险人确定损失原因以及损失程度产生不利影响,保险人可能拒绝赔偿或扣减赔款,除非被保险人能够说明延迟通知的合理理由。

文框7-2

延迟通知的理由

不充分的理由	充分的理由
保险人拒绝保证支付建筑合同项下到期的重建房屋的额外费用。[见1990年的希利诉好事达保险公司案件(Hilley v. Allstate Ins. Co., 1990)]	保险人坚持要保单持有者的子女宣誓作证,这样做,法庭发现,使得保单持有者无法遵守重置费用条件的规定。[1987年州农场火灾和损害保险公司诉米凯尔(State Farm Fire & Cas. Ins. Co. v. Micell, 1987)]
保险人拒绝提供保障。[见1987年的泰高公司诉联邦保险公司案件(Tamco Corp. v. Federal Ins. Co., 1987)]	法庭发现,保险代理人拒绝被保险人执行重置费用条款,直接导致施工延迟[见1987年缅因州相互火灾和损坏保险公司诉沃森案件(Maine Mut.Fire & Cas. Ins. Co. v. Watson, 1987)]

"a. 你必须注意尽可能快地通知我们可能导致索赔的事故或违法行为。通知内容尽可能包括：

（1）'事故'是怎样、何时以及在哪里发生；

（2）伤者和证人的姓名和住址；以及

（3）任何由于'事故'或违法行为造成的人身伤害或财产损失的性质和地点。

b. 如果任何被保险人遭到索赔或'诉讼'，你必须：

（1）立即记录索赔或'诉讼'的细节和收到的日期，以及

（2）尽可能快地通知我们。

你必须注意，我们能够尽可能快地收到索赔或'通知'。"

从传统上看，法庭将该条款作为一种先决条件。延迟通知被认为对保险保障是致命的，除非延迟通知具有充分的理由。由被保险人负责提供有效的理由。

现在的规则是，尽可能快地通知事故并不是先决条件，除非保单语言明确表示这种用意。这样，一般由保险人负责举证，延迟通知对其造成损害。

多数期内索赔制责任和一些其他保险单都表示，通知要求是一种先决条件。比如，董事和高管人员（D&O）责任保险单包含以下条款：

"本保险单提供以下保障……但前提是，作为该保障的先决条件，被保险人必须在可行的情况下尽快地将索赔报告保险人，但绝不能迟于适用的保险期间或发现期间结束后60天内报告。"

保单中插入60天的限制条款以体现采用通知/损害规则的法律规定，除非在保险单中规定了其他时间限制。通知/损害规则（notice/prejudice rule）是一种保险法原则，它禁止保险人用延迟通知作为拒绝保险索赔的理由，除非保险人能够表明，由于未及时通知而受到损害。不能仅由于延迟通知而认为受到损害。保险人必须表明实际受到损害，而不是仅有损害的可

能性。

法庭基本上都支持期内索赔制保险采用上述60天限制条款，而不管是否延迟通知对保险人造成损害。

比如，在2009年的东得克萨斯医学院地区医疗保健系统诉列克星敦保险公司案件中（East Texas Mcd. Ctr. Reg'l Healthcare Sys. v Lexington Ins. Co., 2009），根据得克萨斯州法律，在期内索赔制保险单中，如果被保险人延迟通知，保险人在无须表明其受到损害的情况下就可以拒绝赔偿。

在1999年的马特多石油公司诉圣保罗溢额线数保险公司案件中（Matador Petrol Corp. v. St. Paul Surplus Lines Ins. Co., 1999），马特多公司在钻井过程中，由于钻坑坍塌导致污染物泄漏并造成损失。全部污染除外条款上附贴批单，为所承保的污染事故提供保障，但必须满足四个条件：（1）意外事故因事件造成；（2）该事故在72小时内开始并结束；（3）被保险人在事故开始后7天内意识到该事故的发生；（4）该事故在开始发生后30天内报告给保险公司。被保险人在泄漏事件发生将近30天后才知道该事故发生，而且在事故开始后38天才报告保险公司。被保险人辩称，保险人并未因延迟报告而遭受损害。但是法庭认为，该"时间因素"（time element）是保险保障的前提条件，与保险单的一般索赔报告条款及与损害相关的法律无关。由于被保险人未满足要使批单适用的时间因素要求，绝对污染除外条款排除了对索赔的保障。

作为先决条件的条款表述还有另外一个重要的法律作用，即控制由哪一方承担未遵守条款要求的举证义务。因此，在通知事故发生这一问题上，保险人有义务表明自己受到损害，或由被保险人举证保险人并未因延迟通知而遭受损失，但这样做难度很大。

考虑以下例子。两份保险单都提供机动车责任保障。一份保险单的通知条款规定"必须立即将事故通知我们"；另一份保险单规定了类似的通知义务,但又称"在你通知我们之后,我们才履行支付赔款的义务"。在车辆肇事逃逸案件发生后 28 个月,两个保险人都收到被保险人的事故通知。法庭认为,第一个保险人有义务举证自己遭受了损害。但在解释第二份保险单的表述时,法庭认为,在第二份保险单项下,被保险人必须证实,未能尽快地通知保险人要么有合理的原因,要么并未对保险人造成损害 [见 1987 年爱荷华州的布伦斯诉哈特福德意外和补偿保险公司案件(Bruns v. Harford Acc. & Ind. Co., Iowa 1987)]。

第三节 告知和保证

承诺产生将来要履行的义务,而条件对承诺进行限制。但是,经常合同双方对过去、现在或将来的事件作出陈述(make statements)。这种陈述通常分为告知或保证两类,如何分类则取决于合同条款的表述,而不因为仅仅使用了告知和保证(representations and warranties)这种措辞。

告知是关于过去或现在的陈述。如果在重要事实上误告(false representation),而该事实又是申诉方赖以作为合同成立的基础,错误的告知可能使得合同失效。

一、一般合同法

根据一般合同法(General Contract Law),保证是一种承诺或担保(guarantee)。违反保证产生损害赔偿诉因,而且在某些情况下,可能使一方有权采取自助补救措施(self-help remedies),如抵消(offsets)和免除负担(discharge)。

误告和违反保证的法律后果是不同的。保证一词在合同法及在保险上下文中的含义也不一样。特别的法律体系逐渐发展起来以应对保险的独特习俗和惯例。

二、在保险交易中的告知和保证

告知和保证的区别难以概括，主要因为不同管辖区的法律不同。这种不同模糊了告知和保证的差别。保单持有者和保险人应当检查相关的法律法规和法庭判例。以下综合列出大多数人的观点：

——保证是最终保险合同的一部分。告知只不过是对保险交易的附带诱因。这样，保险人"信赖你在投保书中所做的陈述和所表示的同意，以及这些陈述和同意因此成为保险协议的一部分"这一保单条款构成了一种保证，如果该保证是虚假的，就会使得保险单从一开始（abinitio）就失效。

——并不要求保证的内容是实质性的才能执行该保证。保险人需要证实，如果被保险人作出的保证是不正确的，它是不会根据这些条件和价格向后者销售保险单的。

——投保人在保证中可能声称，在订立保险合同时存在特定的事实，在保险期间将要做某些事或某些条件将持续存在。这样，举前面所介绍的例子，火灾保险单持有者可能保证，"保单持有者将保持喷淋系统维护完好"。

告知的主题是一种仅在保险合同订立之前或订立之时存在的事实。根据保险法，关于将来事件的陈述并不是告知。

——保证需要严格遵守，而告知只要求基本上属实。

——保证必须在保险单中表述出来，或者以提示的方式包含在保险单中。附贴或合并在保险合同声明页以及投保书中的陈述可以作为保证。如果投保书中包含了所保证的内容，该投保书上的陈述必须作为保险单的一部分。被保险人对保险公司或其代理人所做的口头陈述可以是一种告知，口头表述不能作为保证。

三、告知的解释和法律意义

许多州都制定了误告是如何对保险保障产生影响的法律法规。这些法律法规属于以下两类：（1）法规要求仅仅是无辜的误告是不够的（比如，马塞诸塞州法律规定，除非误告的实际目的是欺骗，或者除非误告的事件增加风险，否则误告是不能被认为是重要的，或使保险单失效）；（2）法规描述什么是"重要的"（material）。

无辜的误告并不足以让保险公司解除保险合同。比如，大多数州采用的纽约1943年标准火灾保险单规定：

"不管在损失发生之前还是之后，被保险人故意隐瞒或误告关于本保险和保险标的的重要事实或情况，本保险将无效。"

有些州还进一步限制保险人解除保险单的权利。比如，在南加州，除了其他规定，保险人还必须证实，所作的陈述是企图欺骗保险人，否则保险人就不能解除合同。

根据一般合同法，如果对事实的陈述会影响保险人决定是否接受风险或所收取的保险费，这种陈述是"重要的"。但是，许多法律法规限制在风险增加的情况下才能采用误告抗辩（misrepresentation defense，即以索赔人误告作为保险人的抗辩理由）。如果所误告的事实或情况并未造成财产的灭失或损坏，有些法律法规甚至禁止以误告作为抗辩的理由。按照后一种法律规定，保险人不可以仅仅因为被保险人的误告与以下所陈述的事件相关而拒绝赔偿：如被保险人从未被拒绝承保，要求被保险人拥有灭火设备或规定被保险人没有其他保险。

> **文框 7-3**
>
> ## 对无法解除保险合同时采取的补救措施
> ## （The Remedy of Rescission）
>
> 赋予保险公司解除合同权利的保险条款并不像看来那么可靠。解除合同在性质上属于衡平救济。法庭可以以多种理由来拒绝执行该条款，并不仅仅因为这样做可能带来不公平的结果。另外，如以后所讨论，许多法律法规限制解除合同的权利。因此，如果投保人对投保书上的问题回答得不准确或不完整，有些保险人并不靠解除合同来进行补救。许多现代 D&O 保险的投保书上含有以下条款：
>
> "是否任何董事或高管人员意识到可能导致索赔的事实或情况？
>
> 双方同意，如果上述人员知道存在这种信息，那么任何由于这种事实或情况所引起的索赔本保险单不予承保。"
>
> 在该条款中，保险人规定了在董事或高管人员知道索赔已经发生或存在可能导致索赔的事实或情况时的补救措施是不负责该索赔（而不是解除保险合同）。

四、保证的解释和法律意义

在保险方面，保证一词经常指所保证的事实是保险人承担赔偿义务的条件。

法庭经常将陈述（statements）解释为对"事实的告知"（representations of fact）而不是保证。要使表述成为保证，保险单必须明确无误地表示将表述作为保证的意图，而且该表述必须构成合同的一部分。无须使用保证一词来达到保证的法律效果。看以下例子：

"被保险人表示，投保书中的表述及细节是真实的，并同意：（1）这些陈述和细节是本保险合同的基础；（2）这些陈述和细节对核保人接受所承担的风险是重要的；（3）本保险单是凭借该陈述的真实性而出具的。"

有时手工甚至事先印制的批单使用"保证和陈述"这一短语。是否保单草拟者打算让保险公司有权选择采用解除合同或损害赔偿补救措施？是否这种表述的目的是强调投保书陈述的重要性？如果保单草拟者打算在投保人虚假陈述之时采取特定的补救措施，就应当在协议中将这种打算说清楚。如果未明确表示，该陈述就不是保证。

如果保单草拟者想要将保证用于将来或持续发生的事件，必须明确指出该意图。比如，投保书上可以声称，喷淋系统需要有每平方米20磅容量。如果在保险合同订立时而不是订立后喷淋系统达到这一容量，并未违反该保证。如果保险人想要将保持每平方米20磅容量作为保险期间内发生损失时其履行赔偿义务的前提条件，他必须说清这一点。如果要求防范火灾的喷淋系统将来持续保持良好的维护状态，那么就应当采用将来时态。如以下例子：

"在保险期间的任何时候，被保险人都要保持其喷淋系统具有每平方英尺20磅的容量（The Insured will, at all times during the policy period, maintain a sprinkler system that has 20 pounds per square inch capacity）。"

文框 7-4

错误和遗漏（E&O）责任保险投保书：潜在的索赔问题

错误和遗漏（E&O）责任保险购买者填写新的（或在续保的时候填写）投保书时会遇到以下问题："是否你意识到任何可能导致向投保人提出索赔的事实或情况？"但是，它指的是什么情况，而且与投保人所知及可能

第七章
承诺、保单条件和陈述

发生索赔存在什么关系?

总之,针对以上问题,法庭同意采用客观标准。这与被保险人是否错误地认为不会向其提起诉讼无关。很简单,就如法庭所说的那样,投保书"并不要求投保人作出判断或进行客观评估",它所需要的只是披露事实。这样,律师认为缺席离婚判决并未对其要离婚的客户造成损害,不能作为其误告的辩解。法庭认为,从事律师职业的理性的人本会作出其客户可能遭受索赔的结论。同样,如果保单持有者辩称,原来法庭签发的传票中将被告的名称弄错了,使得他意识不到可能遭到索赔,因此对投保书上的是否存在潜在索赔的问题未作答复,这种情况也构成误告。法庭拒绝保单持有者这一辩解,即由于法庭传票上的被告名字有错,保单持有者未意识到任何可能导致索赔的情况。

E&O责任保险单中的指明被保险人未意识到任何导致索赔的情况,这是很罕见的。比如,考虑一雇主实践责任保险案例(Employment Practice Liability Insurance,EPLI)。大量的公司雇员指控雇主骚扰、歧视,或错误解除合同,有些指控甚至导致法律诉讼。是否所有这些错误的雇佣实践行为都要报告保险人?从保险保障的角度看,答案可能为"是"。

投保书上的表述是决定性的,并不是所有的E&O投保书上的内容都相同。有些投保书询问未决索赔情况,并将"索赔"一词定义为特定法律要求。还有一些投保书询问,是否被保险人相信有可能向其提起诉讼,用主观标准取代客观测试。如果被保险人披露可能发生个人诉讼案件,但后来变为由同一种行为引起的集体诉讼(或相反),保险保障将会受到怎样的影响?保险单购买者在答复之前,应当了解该潜在的索赔问题。

如前所述,在许多管辖区内,法律或司法判决都减轻了保证原则的严格程度。美国各州的法律虽然不太相同,但都包括以下内容:

——成文法规定，在某些类型的保险中，被保险人的陈述作为告知看待。

——法律法规既适用于陈述也适用于保证。在指控被告违反保证行为时，原告可以提供被告企图欺骗或实际增加风险的必要证据。

——成文法规定，只需要被保险人基本上履约。

——当损失发生时被保险人有违反保证的行为，成文法才允许保险人拒绝承担赔偿义务。

——在适用于特定风险或特定被保险人方面，对保证的解释是可分割的。这样，一个地点未履行保证义务不影响对另一个地点的损失保障。当多个被保险人在责任保险单项下承保时，保单条款和条件可以解释为分别适用于每个被保险人（但是，如果保单有不同的约定，则以保单约定为准）。

文框 7-5

董事和高管人员（D&O）责任保险单中的保证

在解释与投保书上的陈述相关的董事和高管人责任保险条款时存在大量的误区。包含以下约定的投保书是可接受的：

——投保书上的陈述被称为告知而不是保证。

——保证分别适用于每一个被保险人。

——违反保证不能归咎于无辜的被保险人。

——虚假陈述的后果不会比实质性误告更加严重。

上述条款只不过强调法律规定和司法判决，它们优先于保单表述。如果投保书包含旨在赋予保险人拒绝提供保障权利的条款（尽管州法律并未规定保险人在无法解除保险合同时可以采取的补救措施），这种投保书也是不可接受的。

第四节　隐瞒

隐瞒（Concealment）是无声的误告。对隐瞒抗辩（concealment defense，即以索赔人隐瞒作为保险人的抗辩理由）的要求，除了采用主观检验之外，与误告抗辩（misrepresentation defense）的要求类似。被保险人隐瞒事实的目的必须是欺骗。隐瞒的意图是否为了欺骗，其检验方式是确定是否所涉及的事实明显而且重要，以及是否被保险人在知道的情况下极不诚信地不披露它。比如，法庭一般不会在投保书未特别询问的情况下，要求投保人履行披露其损失历史的义务。

文框 7-6

再保险及最高诚信

虽然有时在司法意见中经常引用以及在专家出版物中经常讨论最高诚信（utmost good faith）这一原则，但它很少被用来决定直接保险案件的判决结果。不过，在海洋保险和再保险争议中，该原则仍然发挥着重要的作用。

在海洋保险中，最高诚信义务得到发展，这是由再保险交易的特点所决定。这些特点包括广泛的合同承诺、海上运输时间较长、涉及大额金钱以及再保险人无法对分出公司进行有效的监控。

在一个有代表性的再保险案件中，法庭以类推的方式表示，最高诚信这一概念也适用于合资企业中或合伙人之间的受托人（fuduciary）义务。在1993年的联合防护证券保险公司诉北河保险公司案件中（Uniguard

Sec. Ins. Co. v. North River Ins. Co.，1993），由于分出公司并未披露以下事实，再保险人成功地拒绝提供保障：

——在提供定值营业中断保障的保险单项下，过去发生的三次火灾损失，以及在被保险人的场所内大量使用可燃液体；

——被保险码头发生过两次损失；

——被保险人的品德存在问题；

——有一个索赔案件正在处理之中。

由于大量地采用最高诚信原则，在再保险交易中很少看到保证这一说法。但是，由于临分再保险的发展及自保公司普遍购买再保险，今天的商业再保险交易与过去的再保险运作大不相同。是否法庭会重新评估在再保险争议中强调的最高诚信以及其他原则，还有待观察。

第八章　承保协议和除外条款

过去在评论保险合同时，人们经常听到关于保障范围的大小可以通过将承保协议的行数与责任免除的行数进行比较来衡量的说法，但现在这种说法则很少听到。在许多险类中，相反的说法似乎更加合理，也就是说，保险人在承保协议中增加字数的目的倒是对其损失风险进行限制。

文框 8-1

保险保障表和保障核对表

保险保障表和保障核对表（Coverage Charts and Checklists）将大量的信息包含在相对小的空间中。这种信息传递方式的不利之处在于，对这些信息的分析可能过于简化，无法满足这两种表在参数上的要求。这样，在比较表述不同的条款中，分析人员经常未能考虑条款表述上的细微但重要的差别。

不应当根据有利和不利条款的数量来评估保险保障范围。有些条款比其他条款更加重要，适用范围广，或者仅适用特定的被保险人。除非将保障分析与特定环境和保单持有者的投保目的关联起来，在最后决定是否接受投保之前，需要将保障分析与特定环境和保单持有者的投保目的联系起来看。

在承保协议而不是除外条款部分对保险保障进行限制是降低保险人风险暴露的比较有效的方法。由于该原因，承保协议中的内容可能不断增加。

第一节　承保协议

通过将保障限制作为承保协议（Insuring agreement）的一部分，保险公司的保单草拟者可以获得以下三种优势：

（1）避免采用标准的条款解释原则：即除外条款和其他限制条款作不利于保险人的解释。与除外条款相比，对承保协议进行歧义分析的情况比较少。

（2）将除外条款是否适用的举证责任从保险公司转移给保单持有者。

（3）将法庭根据合理预期原则拒绝采用限制性条款的可能性降到最低。

因此，承保协议在有利于保险人的法律环境下向保险公司提供限制保险保障的机会。反之，如果以笼统的方式表述保险保障则需要对保险保障进行更加宽泛的解释，而且减轻由被保险人确定保险责任的义务。

一、作对保障限制建议者不利的解释

如第四章所述，有疑问或不明确的合同表述作对合同草拟者不利的解释。但是，不管哪一方草拟合同，除外条款严格地作对建议采用这种限制的人不利的解释。这种高标准的司法解释理由在于，除外条款违背了保险合同的目的——提供保障。法庭能够很快地发现除外条款的表述含混不清。在许多司法管辖区内，为了使得除外条款能够执行，它必须清晰、明确地表明什么是不保的。

承保协议看作有条件的承诺，满足承保协议的条件是保险人履行义务的前提条件。与除外条款相比，法院更愿意支持保险公司履行承诺的条件，虽

然这样区别似乎不太合乎逻辑。

二、举证责任

在保险合同中，被保险人必须表明所发生的事件或情形属于承保协议的约定范围。一旦被保险人履行了最初举证义务，证实除外条款或其他保障限制适用性的义务则转移给保险公司。但是，如果第一个步骤所带来的结果对保险公司有利，保险人就无须举证除外条款的适用性。

三、限制性条款的设置以及合理预期原则

总之，法庭并不坚持认为，除外条款必须置于保险单的除外条款章节内。但情况并不都是这样。在一个关于董事和高管人员（D&O）保险单项下关于"损失"一词的密西根判决案件中，法庭拒绝将"罚款""惩罚"及"在与保单解释相关的法律项下规定的不可保事件"除外。联邦法院引用了密西根上诉法庭的判决来支持它所作的以下陈述：

"如果保险人打算在某些情况下将保险责任除外，它应当在保险单题为'除外条款'一章中明确指出。"

在一个俄克拉荷马州判决的案件中，汽车影院经营者责任保险单中题为"被保险的人"（persons insured）的条款，将对由于涉及被保险人的任何合资企业造成的人身伤害和财产损失保障除外。法庭拒绝执行该条款。但是，法庭在该案件中的判决更多地以条款不明确而不是以该限制与保单持有者的合理预期产生冲突为理由。尽管上述两个案件将保障限制置于保险单的承保协议而不是除外条款一章中，但它们能够帮助挫败以合理预期原则为基础，对除外条款的适用性所提出的挑战。由于保障部分第一章通常是承保协议，保单持有者对承保协议中的保障限制一目了然。如果保单持有者依然声称，他对承保协议中的保障限制条款感到惊讶，这种辩解可能站不住脚。

四、指明被保险人

在保险单项下索赔保险利益的人有责任表明自己作为被保险人或者损失赔偿受益人的身份的义务。以下案例可以说明这一规则。

在1968年的阿吉诉旅行者补偿保险公司案件中（Agee v. Travelers Indem. Co., 1968），旅行者保险公司向阿吉签发了家庭机动车责任保险单，将指明被保险人定义为声明中载明的个人及其配偶。后来阿吉和妻子离异了。随后妻子在一次交通事故中死亡，法庭拒绝认为保险单还要继续对妻子提供保障。

首字母"d/b/a"（"doing business as"——从事……商业活动）这一缩略词曾导致大量的保障诉讼。有一种对d/b/a一词在法律意义上的误解。d/b/a一词仅指一种行业名称或假名。不像自然人或公司、合伙企业、合资企业或其他法律虚拟名称，d/b/a一词本身并不代表法人、法律实体，因此不能指被保险人。

在1985年的卡尔森诉杜克斯森·格罗斯公司案件中（Carlson v. Doekson Gross Inc., 1985），美国保险公司（American Insurance Company）向埃德温O. 卡里森签发了普通责任保险单和伞式保险单，指明被保险人的全称为"埃德温O. 卡里森，从事航空砌块和水泥制作及卡里森货车运输"（Edwin O. Carison d/b/a Aero Block & Cement Company and Carison Trucking）。卡里森先生同时也是埃德温和伊娃·卡尔森农场的独资经营者。1979年6月7日，受雇于卡尔森农场的威拉·德欧文在工作时严重受伤，并向卡尔森提出索赔，后者随即在普通责任和伞式保险单项下要求保险公司为其抗辩。但保险公司拒绝了，理由是，虽然卡尔森是这两份保险单项下的指明被保险人，但他是作为农场主而不是航空砌块和水泥制作及运输公司所有人遭到索赔，卡尔森农场是一个独立实体，不在该两份保险单项下承保。于是卡尔森在州地区法庭向保险公司提起诉讼，但法庭支持保险公司关于两份保险单不承保其他独立实体的观点，判卡尔森败诉。于是卡尔森又提起上诉。上述法庭认为，卡尔森农场并不是单独的法律实体。虽然卡尔森作为独资经营者以两家不同企业的名义从事业务，但他仍然是个人，要独自承担其所有的义务。另外法庭发现，在普通责任保险单中，"指明被保险人"的定义指：（1）声明页载明的指明被保险人；（2）任何由指明被保险人全部拥有，现在已经存在以及将来获得的子公司；（3）由指明被保险人现在或将来拥有或获得控制权和管理权的任何其他机构。显然，卡尔森农场属于第三类指明被保险人，应当由上述两份保险单所承保，尽管卡尔森并未将其对农场的所有权在投保书中告知。上诉法庭推翻了初审法庭的结论，判保险公司要就德欧文的索赔事件为卡尔森抗辩。

另外，法律身份有可能会发生变化。在这种情况下，要注意承保之前的实体，以防范在法律实体变化之后发生的事故，而这些事故又是由于法律实体变化之前的运作造成。因此，要保证CGL产品和完工风险因素责任保障的持续性，应当承保前任个人或实体，至少要到适用的诉讼时效或除斥期间（statute of limitation or statute of repose）结束为止。

考虑以下案件。火灾保险单的被保险人是以假名从事业务的个人。此人后来创建了一家公司并将所承保的财产转移至该公司。虽然该假名和该公司的名字是"几乎相同的"，但法庭认为，保险单不用重新修改以反映该公司在保险财产中的利益。

所谓的总括性指明被保险人条款（omnibus named insured clause）通过将特定的个人和实体扩展包括一般性描述的附属机构而扩大指明被保险人的范围。至少部分上由于对附属机构的身份以及它们与第一指明被保险人之间关系的误解，手工条款特别容易出现差错。而且，还需要考虑其他保单条款的影响。在某些情况下，指明被保险人的行为、错误或遗漏可能会触发商业普通责任（CGL）保障，然而，由额外被保险人实施的相同的行为、错误或遗漏 CGL 保险单不用负责。错误和遗漏（E&O），以及职业责任保险单可能不包含适用于指明被保险人的可分割性条款（severability clause）。甚至更糟的是，此类保险单可能排除由一个被保险人向另一个被保险人索赔的保障。经常发生一个被保险人向其他被保险人索赔的情况。在这种情况下，总括性指明被保险人条款可能导致严重的保障缩小。

缩写词"et al"（拉丁语"et alia"指"等等"）是一个打开潘多拉魔盒的词。它指"以及其他"（and others），而对指明被保险人的名称基本上不予定义。

五、承保协议中不采用条件条款

如果保险人在承保协议中不加入条件条款，法庭也不会这么做。有一个涉及营业中断险的相关案件中，承保条款规定，保险人将赔偿被保险人"由于所承保的损失原因，造成声明中描述的场所内的财产直接物质灭失或损坏"，导致保单持有者遭受的实际营业收入损失。直接损坏保障部分不承保财产发生水损。但是，营业中断保障部分并未要求直接损坏保障部分所确定的财产必须遭受灭失或损坏。因此，法庭认为，如果财产发生水损，营业中断损失还是承保的。该案件的教训是，在附加保障部分（supplementary coverage）或批单中指定所承保的财产或活动时，保单草拟者应当注意，它们的保障范围应与主险部分的保障相吻合。

在采用纽约法的一个案件中，保险单承保"内物"（contents）。法庭面对的问题是，是否保险单不仅承保由被保险人拥有，也承保其他人拥有的内物。法庭认为，保险单在这一点上表述不清，因此根据"于起草人不利"原则，法庭认为保险单既承保被保险人也承保其他人拥有的内物。

法庭不倾向于根据承保协议的表述对承保协议进行限制。比如，在一个受到媒体广泛关注的案件中，普通责任保险单个人伤害一章中的"错误逐出"（wrongful eviction）一词被认为保险单承保网球俱乐部错误地拒绝一位黑人在俱乐部场地上打网球的行为。法庭拒绝接受保险人的辩解，即"错误逐出"一词通常仅针对房东和租户之间的关系，而不涉及租户之外的其他人。

如果核保人不愿意承保房东和租户关系之外的其他错误逐出和错误侵犯私人占用权索赔，他们就应当更改1988年标准CGL保单条款以仅仅承保：

"由或代表所有人、房东或出租人将个人从其所占用的房间、住宅或场所错误逐出，或错误进入这些场所，或侵犯这些场所的私人占用权。"

在1996年的美国政府诉债券管理公司案件中（United States v. Security Mgmt. Co., 1996），根据"同类规则"（ejusdem generis maxim），CGL保单条款解释为，在认为个人的私人占用权遭受侵犯之前，要求该个人应当拥有占用权。这样，法庭认为，该保单条款并不承保在违反合理住房法（Fair Housing Act）中的种族歧视行为，因为在该法项下个人只不过在申请租用公寓。保险人无义务抗辩，因为潜在的承租人并未拥有占用权。

第二节　设计限制性条款以作为承保协议的一部分

本节介绍一些通过承保协议限制保险保障的技术。

一、将条件加在承保协议上

承保协议条件可以直接插入或通过提示并入承保协议中。考虑以下两个雇佣实践责任保险单的承保条款：

"条款一

我们将支付因为本保险适用的错误雇佣实践造成伤害所引起的，被保险人依法应支付的损害赔偿金。

条款二

补 偿

1. 受制于本保单条款、条件、责任免除以及限制，本公司将代表被保险人支付由于其雇佣实践所导致的，依法应承担的实际损害赔偿金"，前提是：

a. 索赔在保险期间内首次向被保险人提出；

b. 被保险人的过错行为发生在声明页第七款所示的"持续日之后以及保单终止日之前；以及

c. 尽快向本公司报告索赔，但绝不能迟于向被保险人首次提出索赔后60天。

2. 本公司将支付仅仅由于所承保那部分过错行为导致的那部分实际损害赔偿金。"

上述两个条款有许多明显以及不太明显的区别，包括：

——"损害赔偿"和"实际损害赔偿"的区别。修饰词"实际"一词具有限制性含义。"实际损害赔偿"是一个法律术语，指补偿性而不是名义或惩罚性损害赔偿。

——条款二 1.b 要求，索赔是因为被保险人的过错行为引起。在雇佣实践责任保险中，该条件是一种主要的保障限制。许多雇佣实践行为在某种程度上由被保险人或被保险人所负责的某些人所实施。但是，该表述仍然存在不明确之处。

——条款二 2. 设法改变那种设想，即所有的损失都是承保的，除非保险人能够履行义务以区分那些损失是不承保的。

——在两份保险单项下，保险公司都有义务对所承保的索赔进行抗辩。

条款二 1. 增加"代表被保险人"（on behalf of the insured），与条款一相比，并未向被保险人提供更多的利益。

——条款二 1. 表明该保险人采用期内索赔制。条款一所在的保险单也采用该制式,但并未在承保协议中表示。两份保险单都规定了索赔必须在保险期间内首次提出,它是保险人承担赔偿责任的先决条件。

——第一份保险单采用"因为"(because)一词,而第二份保险单采用"由于……导致",作为损害赔偿和雇佣实践相关联的要求。后者比前者更具有限制性。

二、将条件加在承保协议中使用的词汇定义上

D&O 责任保险单广泛利用承保协议中的词语限制保险保障。在一般的 D&O 保险单中:

——损失(loss)一词的定义排除罚款或处罚以及其他被认为不可保事项。

——错误行为(wrongful acts)一词排除了董事或高管人员之外的个人被保险人的责任。

——索赔(claim)一词的定义排除了书面要求或投诉之外的其他认为是理所当然的要求(demands as a matter of right)。

——索赔费用(claim expense)或抗辩成本(defense costs)的定义排除董事、高管人员或雇员的工资。

——董事和高管人员的定义排除了非被推选或指定该职务的人员。

更改承保协议中这些词的定义的重要性可以用 D&O 保险单中解释"错误行为"的案件来说明。下面是 D&O 保险首次流行时,根据伦敦核保人制定的模板,D&O 保险单的"错误行为"一词最初包含两部分定义:

"1. 董事或高管人员在履行个人或集体职责过程中,任何实际而不是声称的错误、误述或误导性陈述、行为或遗漏或违反义务行为(Any actual nor alleged error or misstatement or misleading statement or act or omission or breach of duty by directors or officers while acting in their individual or collective capacities）；或者

2. 仅仅由于他们是公司的董事或高管人员，对他们提出索赔的事项。"

在一个解释"错误行为"的定义的法庭判决中，法庭将重点放在第一部分定义缺少"仅仅"（sorely）一词上，并认为：该"定义"中的连接词"while"引导的状语从句明显扩大了保障范围，以致不限于对"仅仅由于官方职务"行为的保障。换句话说，保险保障适用于担任董事和高管人员职务或其他不同身份时的错误或失职行为。

大多数保险公司压缩"错误行为"的定义作为应对：

"Wrongful Act shall mean any actual or alleged error, misstatement, act or omission, or neglect or breach of duty by the Directors or Officers in the discharge of their duties solely by reason of their being Directors or Officers of the Company（错误行为指董事或高管人员在履行其仅仅作为公司的董事或高管人员义务时的任何实际或声称的错误、误述、行为或遗漏或疏忽或违约行为）。"

在上述版本中，"仅仅作为公司的董事或高管人员"是"错误行为"的一种必需的要素。许多保险经纪人、代理人及购买者都认为该变更不重要，但他们错了。法庭在解释"过错行为"的这些和类似的定义变更时都认为，董事或高管人员因为他们拥有其他身份时的行为受到指控是不保的。比如他们的身份是受托人或受托人的代理、股东或公司的法律顾问。

有的 D&O 保险单既承保个人董事或高管人员职务行为，也承保其他身份时的行为。

以下是摘自美国联邦保险股份有限公司（Chubb）D&O 保险单中的"过错行为"部分定义的英文版：

"Wrongful Act means any act or omission, including but not limited to any error, misstatement, misleading statement, neglect, breach of duty, breach of trust or breach of warranty of authority committed, attempted, or allegedly committed or attempted by（错误行为指任何行为或遗漏，包括但不限于由以下人员实施、企图实施的任何错误、误述、误导性陈述、疏忽、违反义务、违反信托或违反授权保证）"……

三、附加保障

在承保协议中为一些麻烦的领域提供保障是一种有效的技术。类似条件和除外条款，这种方法在解释标准和举证义务上具有策略上的优势。有限的附加保障（supplementary coverage）也是一种防范法庭采用合理预期原则的有效方式。不可忽视的是，这种工具在营销上具有优势：对保险法不太熟悉的那些人存在一种错觉，即附加承保协议经常扩大保障范围。

在 D&O 责任及其他期内索赔制保险单项下，大量的纠纷涉及"索赔"一词的定义问题。比如，陪审团的传票被认为构成 D&O 保险单项下的索赔，因为管理机构已经对案件作了调查。有个 D&O 保险单对"索赔"一词做了以下定义：

"对董事或高管人员的民事、刑事、行政或管理调查（包括证券交易委员会、平等就业机会委员会和大陪审团调查），但仅在调查机构以书面方式认定，可以开始向该董事或高管人员作为个人提起民事、刑事、行政、管理或冲裁诉讼的情况下。"

要注意的是，虽然保险草拟者对"索赔"一词采取宽泛的定义，但又用该定义仔细地对保险保障做了限制。

在财产和责任保险单中，通过分项责任限额提供附加保障的做法很普遍。责任保险单的例子包括医疗和法律费用承保条款。财产保险单通常包含与财产损坏相关的污染清理、评估和与财产损坏或毁坏相关的其他费用分项限额。采用分项限额是保险人限制保障的有效方法。考虑以下案件。夫妻俩人向婚姻咨询师提起诉讼，后者与客户的丈夫发生性关系。咨询师的职业责任保险单将每次针对被保险人和任何客户的性行为索赔保障限于50 000美元。法庭认为，公共政策并不排除这种保障，因此保障限制是有效的。

分项限额条款的表述是很重要的。比如，如果附加保障的限额也是由承保协议所承保的损失原因触发，法庭可能会回避该分项限额。以下案件说明了这种可能性。一个病人设法从心理咨询师那里为后者的性和非性不当行为（sexual and nonsexual misconduct）获得损害赔偿。职业责任保险单限制涉及色情身体接触（erotic physical contact）的累计责任限额为25 000美元。法庭指出，保险人可以限制性不当行为保障，但又判决，该限制不适用，因为基础诉讼（underlying complain）指控的是专业治疗过程中的非性不当行为。

如果保单草拟者规定，承保协议将任何声称的色情身体接触索赔除外，那么结果就完全不同。保险人可能拒绝赔偿，因为由保险以及除外风险事故共同导致的索赔，保险人一般不予负责。

由于承保协议是保险单的重要部分，如果保单持有者辩称，补充保障分项限额这种不公平的做法是保单持有者所无法预期的，保险公司则有理由予以驳斥。

第三节　除外条款

承保协议中的条件对基本保障条款中的保险责任予以限制。"除外条款"也是保单条款，它们免除了基本保障条款所承保的一些事项。条件条款和除外条款的一种区别是，就后者而言，保险人承担举证义务以表明除外条款的适用性。如果适用性无法确定，保单持有者通常赢得诉讼。

在指明风险事故财产保险单中，无须排除在承保协议中未列明的风险事故。另外，在一切险保单中，保险人不愿承保的风险必须明确无误地排除。在伞式（umbrella）和其他宽泛附表保险单中（broad form policies），也同样要求这么做。宽泛附表保险单中的除外条款所载的也是保险人不打算承保的损失风险。

一、从属和独立除外条款

从属除外条款直接与承保协议中的条件或承保协议密切相关。这种情况通常伴随着在除外条款前言部分重复表述承保协议中的条件条款。

除外条款可以按照从属或独立（Dependent and Independent Exclusions）于承保协议的表述方式进行表述。比如，CGL 保险单可能包含以下两个除外条款：

"独立除外条款

本保险不适用于：

……

d. 被保险人在劳工补偿、残疾福利或失业补偿法，或任何类似法律项下的义务。

从属除外条款

我们将不向以下雇员支付由于'人身伤害'被保险人依法应承担的损害赔偿金：

1. 以下情况下的被保险人的雇员：

a. 由被保险人所雇用；或

b. 履行与被保险人的业务相关的义务。"

上述从属除外条款排除了雇主责任保障；独立除外条款并未排除劳工补偿、残疾福利或失业补偿法，或任何类似法律未规定的雇主责任的保障。

在草拟一个或一套除外条款的前言或开始部分时要特别注意。在 1959

年的珠宝商相互保险公司诉巴洛格案件中（Jewelers Mut.Ins.Co.v.Balogh,1959），法庭被要求解释在财产一切险保单中的以下除外条款：

"本保险单承保由于任何原因造成以上所描述的财产的灭失或损坏的一切风险，除非发生：无法解释的损失、神秘失踪或清点盘存时发生的损失或短少。"

"This policy Insures Against All Risks of Loss Or Damage to the Above Described Property Arising From Any Cause Whatsoever Except：

Unexplained loss, mysterious disappearance or loss or shortage discovered on taking inventory."

被保险人声称，一个装有珠宝的盒子丢失了，但又无法提供有力的证据表明发生了什么。保险人辩称，无法解释的损失属于神秘失踪这一除外责任。法庭拒绝这种说法，认为保险责任适用，除非保险人证实损失并不是承保风险而是由于神秘失踪造成。

另一个经常被忽略的是除外条款中的一个重要问题。考虑以下条款：

"除外条款

保险人不负责为针对被保险人的下列索赔所造成的损失支付赔款：

（a）身体伤害索赔……

（The Insurer shall not be liable to make any payment for Loss from a Claim made against an Insurer：

（a）for bodily injury...）"

要注意，相关的问题是是否属于身体伤害索赔（claim for bodily injury）而不是由于身体伤害（arising out of bodily injury）所引起的索赔。是否实际发生身体伤害无关紧要。重要的是，是否在基础索赔（underlying claim，即第三者对被保险人的索赔）中声称发生了身体伤害。

> **文框 8-2**
>
> ## 财产一切险项下的举证义务
>
> 发生财产一切险项下的物质损失，被保险人起诉保险人时，双方按照以下程序履行举证义务：
>
> 1. 被保险人有最初举证义务，以确定保险财产的损坏发生在保险期间。如果被保险人无法证明这一点，法庭作有利于保险人的判决。
>
> 2. 如果被保险人履行了最初举证义务，举证义务便转移给保险人，以确定（a）只有一个损失原因，或（b）如果在多个损失原因的情况下的"损失的有效近因"（efficient proximate cause of loss）。
>
> 3. 如果保险人满足了上述 2（a）或 2（b）项下的举证义务，然后他必须确定，根据保单条款的规定，该唯一或有效的近因是除外的。如果保险人做到这一点，那么作对他有利的判决。如果保险人确定了唯一或有效的近因，但未能证实该原因被一切险保单所除外，法庭作对被保险人有利的判决。
>
> 4. 如果保险人未能确定唯一或有效近因，而且又没有适用的反并发原因条款（anti-concurrent cause（ACC）provision——第一方保单中的条款，它指出共同由保险原因或除外原因造成的损失是不保的），那么必须采用并发原因原则（concurrent cause doctrine——它指出，如果两个以上的风险事故造成损失，而且至少有一个原因不被保险单所除外，保单持有者可以获得赔偿），如果采用该原则，保险人有义务举证，除外风险是造成损失的原因。如果他未能做到这一点，法庭作对被保险人有利的判决。
>
> 5. 如果保险人提供了除外风险是损失的并发原因的证据，那么举证义务转移给被保险人，以证明所声称的保险风险是损失的并发原因。如果被

保险人未能做到这一点，将作对保险人有利的判决。

6. 如果被保险人提供了所承保的并发原因的证据，保险人承担举证义务以证实，被保险人声称的并发原因（a）不是并发原因（它与损失无因果关系），或（b）被保险单所除外。如果保险人做不到这一点，作有利于被保险人的判决。

二、除外条款的例外

如之前所提及的，法律要求被保险人承担义务举证针对其索赔是由保险单所承保，但保险人则举证索赔是保险单除外的。

关于是否由被保险人承担义务举证索赔属于除外条款的例外，则有不同的权威性观点。大多数人认为，根据一般合同法和保险法，由被保险人承担举证是除外条款的例外的义务。在1998年加州高等法院判决的艾丁公司诉第一州保险公司案件中（Aydin Corp. v. First State Ins. Co., 1998），法官认为，大多数人遵循一种逻辑，即除外条款的例外是用来恢复保险保障的。在该案件中，加州高等法院解释污染除外条款中的"突然和意外"这一例外情况。该法庭也发现，将该例外的举证义务转移给保险人会破坏避免污染这一公共政策，因为这样做会诱使被保险人不去发现污染已经发生。大多数人都认识到，与保险人相比，被保险人掌握更多的关于其财产或运作导致污染的信息。由于除外条款的例外相当于恢复保险保障，被保险人要承担举证义务以证实该例外的适用性。

比如，由保险服务局公司（Insurance Service Office, Inc.）的前任所修改的1970年污染除外条款项下，由于某些污染事件引起的责任是除外的，但有以下例外：

"但是，如果排放、扩散、释放或泄漏是突然和意外的，该除外条款则不适用。"

多数考虑该问题的法庭都认为，被保险人有义务证实，污染事件是突然和意外的。

以下条款对财产保险中的除外条款的例外技术予以说明：

"本保险单并不承保由于雨、雪、雪雨、沙或尘埃造成的房屋或内中财产的损失，除非风或冰雹的直接力量损坏了房屋，造成屋顶或墙开裂，雨、雪、雪雨、沙或尘埃通过裂口进入。"

以上表述做了改进，将随后发生的损失作为例外（exception for ensuing loss）。比如，保单条款可以将由于地震或地壳移动造成的灭失或损坏排除，但是又将本应承保的随后发生的火灾或爆炸作为例外。

三、使用"除非"一词

要注意作为除外条款的例外的条款表述。有些法庭将紧跟着"除非"（unless）一词的除外条款解释为，不仅承保"除非"条款内的损失，而且也取消了除外条款。

考虑以下案件。当被保险人开动小船引擎时，该引擎爆炸，火焰从船舶的驾驶舱喷出。保险单将由于机械故障造成的灭失或损坏除外，除非随后发生火灾或其他意外事故。法庭注意到，该除外条款有两种解释：（1）如果机械故障并未导致火灾或其他意外事故，保险单对该机械故障不提供保障；（2）如果机械故障发生后又紧接着发生火灾或其他意外事故，该除外条款则不适用。

如果保险单将由于以下情况造成的损失除外，结果就有可能不一样：

"机械故障，除了（except for）随后发生火灾或其他意外事故之外。"

也就是说，如果发生机械故障，随后又发生火灾或其他意外事故，保险单仅承保机械故障而不承保随后发生的火灾或其他意外事故造成的损失。

还有另一种表述方式：

"由于机械故障造成或导致的损失，除非随后发生火灾或意外事故，如果是这样，保险单仅承保随后发生的损失。"

也就是说，如果机械故障又导致随后发生火灾或意外事故，保险单不负责机械故障损失，但负责随后发生的损失。

在1989年的皮尔斯伯里公司诉劳合社承保人案件中（Pillsbury Co. v. Underwriters at Lloyd's，1989），保单持有者在加工大量的玉米罐头时因加热不足造成一批罐头损坏。被保险人向由多个劳合社辛迪加核保人组成的共保保险人索赔6 000 000美元的损失，但保险人以该损失属于经营风险（business risk），因工艺不善（faulty workmanship）以及内在缺陷（inherent vice）造成为由拒绝承担赔偿责任。被保险人因此向法庭提起诉讼。保险单相关除外条款的表述如下：

"本保险单不承保：

A. 修复工艺、材料、建筑或设计缺陷的费用，但该除外条款不认为将由于工艺、材料、建筑或设计缺陷造成的后果导致的灭失或损坏除外；

B. 由于内在缺陷、逐渐变坏、生锈或腐蚀、味道、颜色或质地改变、磨损造成的灭失或损坏，但该除外条款不认为将由于前述事故的后果导致的灭失或损坏，或者将直接由于非除外风险事故造成的灭失或损坏除外。"

但是法庭认为，一切险保险单并不存在明示或暗示的营业风险除外条款，即使存在这种条款，这种责任免除在该案件中也不适用。此外，保险人无法提供任何证据以表明，损失是由于预期风险造成。保险人也未能提供被保险人工艺不善，以及损失是由于工艺不善造成的证据。根据上述A、B两除外条款的约定，工艺不善仅适用于与修复缺陷相关的损失，而不适用于由于缺陷造成的损失。同样，内在缺陷除外条款也不适用于由于非除外风险事故造成的损失。

法庭的结论是，玉米罐头因加热不足造成损坏属于保险单承保的损失风险，保险人应负责赔偿。

第九章 批单以及其他定制的条款

保险单的定制带来了标准保险单所不存在的问题。法庭认为自定义条款（custom provisions）是对合同当事方真实意图的表达。有时法庭对修改原保险单的定制条款的解释可能超出了条款草拟者的预期。应当检查整个保险合同以确定该定制条款对哪些原保单条款产生影响。还要再进一步进行补偿性或协调性的修改，以消除任何冲突和其他歧义。另外，保单草拟者必须保证，定制条款适用于原保险单。否则，所修改的条款和原合同的操作语言就会产生矛盾。

通常采用两种方法使得标准保险单满足合同方的特定要求：（1）保险单加批；（2）增加信息。

给保险单加批是更改保单操作语言的一种比较可靠的方法。在草拟批单的时候，批单的制式和措辞应当仔细斟酌以避免在与其他保单条款的关系上意思不明确。本章描述用来实现该目标的过程。

另一种方法是增加信息。声明页这一保单附表，当中有些空格，用来填写特别与被保险人或保障类型相关的信息。有时由核保人填入空格，内容包括投保人的信息声明以及合同操作条款的更改，但这并不是一种安全的做法。

第一节 草拟批单——替代方法

以下表述会造成许多与批单相关的争议：

第九章
批单以及其他定制的条款

"本保险单经过修改后规定……"

这种表述方式不应当使用,因为不清楚该批单在哪些方面做了更改。另外,在多风险保单中,批单修改的是哪一部分保障也不明确。考虑以下案例。在多险种保险单中,一份除外条款批单并未规定,它修改的是哪一个保障部分。法庭拒绝了保险人关于批单修改商业普迪责任保障部分的辩解。因此,并未同意该批单的效力。

每一财产或损害保险单都包括以下要素:

——声明部分;它由与保单持有者和保险交易相关的特定声明构成,如保单号、保障期间、保单持有者和保险公司的名称,保障金额和保险费;

——定义;

——承保协议;

——除外条款;

——条件;它们对保险公司可执行的承诺进行修改,也可以包含其他保险条款。

在多数保险单中,每一种要素都有自己的章节。因此,有可能对保险单加批,用新的条款更改和替换原来的条款。

批单应当:

1. 替换每一个被更改的条款文本;

2. 载明批单生效的日期;

3. 确认被修改的合同依然有效。

许多核保人另外加上一句话:"所有其他条款和条件依然不变。"法庭认为,批单仅修改通过批单更改的内容,其他条款和条件继续使用。这样,如果条款本身无差错,通常不需要用批单修改。

定义、承保协议、除外条款和条件置于保险单的各自章节中,保险交易中采用标准附表,这两种方式效果显著。如果不用这两种方式中的任一种,保单草拟者可能不得不全面重新草拟受影响的条款。

文框 9-1

批单制式样本

本保险单按照以下方式修改，生效日期为……

1. 将声明中第三项数据"＿＿＿美元"删除，用"＿＿＿美元"替换。

2. 第三章"通知事故发生、索赔或诉讼"A款全部删除，并按以下表述修改：

  A._____
_____。

3. 在第三章"通知事故发生、索赔或诉讼"B（5）款之后加上第三章B（6）款，其表述如下：

  （6）_____
_____。

4. 第三章 A.（2）款第二段全部修改为以下表述：

  （2）_____
_____。

5. 第三章"通知事故发生、索赔或诉讼"A款（5）（6）（7）和（8）段的数字分别改为（6）（7）（8）和（9）。

保险单按照以上修改后依然具有充分的效力。

一、将批单并入保险单

必须在有证据的情况下，法庭才能够作出批单的目的是将其作为保险合同一部分的结论。

在2004年的国家联合火灾保险公司诉伐木工人相互损害保险公司的案件中（National Union Fire Ins. Co., V. Lumbermens mut. Cas. Co., 2004），保险人辩称，"其他保险"批单将签发给总承包商的CGL保险单项下的保障作为分包商提供的保障的超额部分。但是，"其他保险"批单并未在声明页上载明。初审法庭裁定，"其他保险"批单并不是保险单的一部分，因为保险单本身并未指出该批单并入保险单。

二、续签批单

总之，没有终止日期的批单一直有效直到保险单的续保日期为止，除非合同双方另外约定。

在1993年的唐吉诉海恩斯和布里顿案件中（Dungey v. Haines 和 Britton, Ltd., 1993），被保险人的妻子在1981年购买了个人机动车保险单。她在将丈夫除外的"指明驾驶员"除外批单上签了名。该批单号为"CE-180"，在1981年保险单声明页上载明。

1982年，保险人修改了"指明驾驶员"除外批单，将原批单号"CE-180"改为"CE-303"。保险人让被保险人妻子重新在1982保险年度号码为"CE-303"的新"指明驾驶员"除外批单上签了字。

此后，1983年、1984年和1985年保险单按照相同的条款续签。1983—1985年续签的声明页上载明"CE-303"作为所附批单，但每次续签，保险人并未要求被保险人妻子签署新的"指名驾驶员"除外批单。

1985年，被保险人妻子和她丈夫购买了新的小货车，妻子将它加到1985年的续保保单项下。几个月之后，她的丈夫撞坏了小货车，于是妻子在1985年续保保单项下向保险公司提出车损索赔。她声称，"指明驾驶员"除外批单"CE-303"仅在1982年有效，那一年她在批单上签了字。

法庭不同意。它认为每次保险单续签都是一份新的合同，它自动将到期合同的所有条款和条件并入新保险单，除非合同双方有不同的表示。"指明驾驶员"除外批单"CE-303"均列在1983—1985年续保保险单的声明页上，它表明，该批单在这三年时间内一直有效。保险人在1982年修改保险单时让被保险人妻子签署了新的"指明驾驶员"除外批单，并不意味要求保险人在此后每次续保时都要获得妻子在"指明驾驶员"除外批单上的签名。

三、批单附件缺失

如果批单表明，有些附件被认为应当并入批单，但是该附件缺失了，法庭可能认为，保单持有者有义务询问，缺失附件的实质内容是什么。

在2000年的威廉姆斯诉代顿联合金属纺具有限公司案件中（Williams v. Dayton United Metal Spinners Co., Inc., 2000），保险公司最初向被保险生产商签发的3年期劳工补偿保险单提供了在俄亥俄州普通法项下提出的工作场所故意侵权索赔的"止差"保障（stop-gap coverage）。在第一年保险单快要届满时，保险人出具了条款更改批单，声称劳工补偿保险人"删除俄亥俄州的止差雇主责任保险部分GA5130H（3/90），并增加所附的俄亥俄州责任保障加强附表GA216OH（2/93）"。

工作场所故意侵权索赔并不在"加强"（enhancement）保障附表中承保。而且，"加强"保障附表实际上并未附贴在更改批单上。

后来，一个雇员在被保险人的生产车间操作冲床时受了伤。被保险人设法对雇员的侵权索赔进行抗辩并作出补偿。被保险人辩称，由于更改批单并未附贴在"加强"保障附表上，因此无法确定，是否保险单为故意侵权索赔继续提供"止差"保障。

上诉法院不同意。它认为，保单持有者有义务阅读保险人签发的批单，特别是当保险是在没有经纪人介入直接向保险人购买的情况下，而这个案件

的情况正是如此。在该案件中，

"保险人有权在保障期间通过签发批单并将其作为保险单一部分的方式修改保单条款。"该批单指出，它"附贴在号码为 CPP 064 51 10 的保险单上，请仔细阅读"。初审法院发现，如果保险人未能将责任保障加强附表附上，该疏忽并不因此使代顿联合有理由认为，责任保障加强附表是承保故意侵权责任的，因为它所终止的止差保障是承保该风险的。代顿联合有义务询问，是否续保保险单继续承保故意侵权责任。由于代顿联合未能履行该义务，它现在就不能声称，由于该更改批单在新保障上不明晰，使合同双方在保障修改的性质和范围上不能达成共识，而使得该更改无效。"

第二节 除了批单之外的其他保单修改技术

以下案件说明了通过除了批单之外的其他方法修改标准保单语言的危险性。

有一家公司购买了收入损失保险，该保险将任何由于执行任何法律或条例的规定所造成的损失除外。保险人的代理人将该除外条款向被保险人做了解释。按照代理人的解释，该除外条款仅适用于由于执行法律要求所作的改善的费用，而不适用于对动产或不动产造成的有形损害或所导致的收入损失。法庭判决，与该代理人的解释一致，该除外条款并不排除由于地震造成房屋不安全，当局下令腾出房屋所导致的收入损失。

一家超额保障保险公司出具了一份保险单，该保险单有两个各自完整的保障部分。其中一个保障部分采用的是标准火灾保障附表，规定赔偿从损失发生开始所计算的利息；另一个保障部分由保险公司自己定制的附表构成，保险人无义务赔偿利息。该保险单并未指出，标准保障附表仅适用于在保险人的附表与州法规定不一致的情况下。法庭认为，被保险人有权在有冲突的两个与赔款利息相关的条款中获得更有利于他的那个条款所提供的利益。

一种危险但是常见的做法是在事先设计好的填入式条款中填入不合适的内容，这种条款并不是设计用来对某一条款进行修改。比如，财产保险单仅限于承保"保险场所"（covered premises），其定义为"在声明页或附贴于保障部分的地址明细表中所描述的场所"。未定义的短语"未指明场所（undefined loacations）—10 000 000 美元"则打印在声明页上。是否与保险场所相关的除外条款适用于发生在未指明场所内的损失？"未指明场所"这一词的含义又是什么？

一、口头修改

假设保单持有者打电话给保险代理人，要求后者对其拟增加投保的楼房报价，然后指示代理人为该楼房安排保险。是否这种口头约定对保险公司具有约束力？

承诺承保，但没有特定的必要文字表述是无法强制执行的，因为它缺乏双方所达成的一致。新保险单和续保保险单的重要条款可能不同。如果对现有条款作些修改，保险单仍要保留大多数的重要条款。如前所述，要求强制执行对保单条款所作的修改的一方必须举证，保单条款被更改了。这种证据可能是保险公司的代理人提供给被保险人的简单通知书。

根据反欺诈法（Statute of Frauds），法庭不能强制执行某些非书面协议。传统的反欺诈法版本并不适用于多数类型的保险。有些法庭根据州保险法规定，要求保险单必须采用书面方式。但多数情况下，同意承保或同意修改保险单并不需要以书面方式表示。即使要求采用书面方式，多数情况下，法庭会根据反言原则支持保险保障的存在，因为不能让保单持有者由于信赖保险人或其代理人的口头同意而受到损害。这样，如果保单持有者信赖保险代理人的陈述而购买了一份新保单，代理人口头同意对保险条款做了部分修改。法庭通常会拒绝保险公司辩称，反欺诈法或其他法律要求保单修改必须采用书面方式。

在大多数类似的案件中，法庭都不支持保险公司提出保险中介是否有权对保险人形成约束的问题。在1966年的马里兰损害保险公司诉 J. M. 福斯特案件中（Maryland Cas. Co. v. J. M. Forster，1966），一位普通代理人向保险人提交了购买多份保险单的投保申请，但并未包含劳工补偿险。保单持有者向保险人提出劳工补偿索赔时才发现该遗漏。该代理人告诉顾客，他会设法为后者补上这个保障。但是，该代理人无法安排该追溯性保障。该代理人并不是马里兰损害保险公司的专属代理人。但是，保单持有者声称，根据该代理人过去曾经为其安排了所有劳工补偿险业务的事实，代理人与马里兰损害保险公司之间存在代理关系。但是，法庭判马里兰损害保险公司胜诉，因为普通代理人代表多家保险公司，因此无法代表马里兰损害保险公司。

根据一般规则，可以对保险合同进行任何修改，前提是该修改需要有对价（如额外保险费）、当事方同意修改，以及修改并不违反关于保单内容或修改方式的监管规定。但是，一般的保险单规定，保单条款只能通过保险公司以出具批单的方式修改或放弃，批单作为保险合同的一部分。法庭支持这种限制（比如在2008年的芬彻姆诉帕特森案件中（Finchum v. Patterson，2008），由于商业财产保险单只能通过保险人签发的批单予以修改，代理人口头同意该保险单承保盗窃是不足以修改该保险单的）。这表明保险单已经做了修改的举证义务由设法强制实施该修改的一方承担。

文框 9—2

保险经纪人的作用

保险经纪人对保单持有者在解释所定制的保险单上具有十分重要的作

用。如果经纪人草拟或推荐保险单的特殊表述，保单持有者实际上成为部分合同的草拟者，"对起草人不利"的原则（contra proferentem）则不适用。如果后来因合同歧义产生纠纷，歧义分析并不对保单持有者有利。法庭不太倾向于采用对由经纪人代表的保单持有者有利的合理预期原则。经纪人所知道的以及所告知的均归咎于保单持有者。这样，经纪人在条款含义、保单持有者的合理预期，以及甚至在类似弃权和禁止反言的抗辩适用性上都具有决定性的作用。

第七次巡回法庭明确表示，在回答谁是保险中介的委托人这一问题时，应考虑以下四种因素：

1. 谁让保险中介行动起来？
2. 谁控制保险中介的行为？
3. 谁向中介支付费用？
4. 中介代表的是谁的利益？

后两种情况被法庭认为是最重要的，第三种情况一目了然。但是，至少对大型企业来说，现在的趋势是，由保险公司支付佣金的做法转为由保单持有者支付费用，以达到减少保费税以及其他目的。值得注意的是，许多设法作为保单持有者的经纪人的独立代理人，与一家或多家保险公司具有优先和主要的代理关系。而且在一些州中，如密西根，法律不允许中介在大多数情况下从事零售保险经纪业务。

二、保险证书

保险证书（certificate of insurance）中的条款可能与保险单中的条款不同。这种情况下，保单表述被认为具有控制作用。但是，在有些情况下，法庭执行保险证书中的条款。在一个案例中，证书表明，保险单承保证书持有人的以下索赔：

"由于承包商或其雇员的过失造成的，与从事合同项下的工作相关的任何个人伤害或死亡或财产损失的索赔（包括诉讼费用和律师费用）。"

从未提供给证书持有人的保险单附有一份批单，它将对租用车辆的保障除外。法庭认为，保险单承保证书持有人的租用车辆的损失。如果证书规定，证书条款并未改变保单条款，那么该案件的结果就不一样。

保险中介可能出具保险证书但未将此事通知保险公司。是否证书持有人被承保，除了其他原因还取决于是否该中介被认为是保险人的代理人。

三、保险承诺书

保险承诺书或暂保单（insurance binder or cover note）是一种临时性的保险合同，设计用来提供保障，直到保险人签发了真正的保险单以确认被保险人获得了保障为止。保险承诺书在其条款约定或法律规定的某一期间结束时终止。如果法律对保险承诺书有效期间的长度实施管辖，法律就不会让有效期更长的承诺书对保单持有者无效。法庭旨在根据对保单持有者有利的原则来解释法律条文。因此，法定时效的实施仅针对保险公司。

由于保险保障条款无法在保险承诺书中完全表述出来，有时会产生在承诺书有效期间发生的损失是否由保险单所承保的争议。发生这种情况时，法庭会检查外部证据以设法确定，在签发承诺书时双方的真实意图是什么。

最著名的关于保险承诺书含义的争议例子是一个因2001年9月11日恐怖袭击所引起的索赔案件。当世界贸易中心（WTC）被摧毁时，其财产保险限额不足以涵盖所造成的损失。袭击事件发生后不久，由纽约城市审计官签发的一份报告披露，世贸中心的两座大楼的账面价值是35亿美元，但是1 340万平方英尺大楼的重建成本大约需要67亿美元。保单持有者西尔弗斯坦仅购买了 25 亿美元的每次事故限额，以承保大楼的账面价值（不是重置费用）。

参与 WTC 分层保险项目的大多数保险人都签发了并入 WilProp 保险单的保险承诺书。该保险单是一种由保险经纪人开发的特殊财产保险单，它将"事故发生"一词定义为："直接或间接由于一个原因或系列类似原因所导致的所有灭失或损坏。"在恐怖分子袭击过程中，两架飞机分别撞击了两座塔楼，它被认为是"一系列类似的原因"，因此属于 WilProp 保单项下所指称的一次"事故发生"。该定义在大多数保险承诺书项下仅将保险责任限于每次事故限额。

但是，有 9 位保险人并未在 Wilprop 保单而是在旅行者保险单项下提供保障，后者并未给"事故发生"一词下定义。被保险人辩称，在没有特别定义的情况下，"事故发生"一词是指，"损失的直接、有效、物理的原因"，每一架被劫持的飞机撞击塔楼就是一次单独的"事故发生"。这就意味着，在并入旅游者保险单的保险承诺书项下有两个每次事故责任限额。

2003 年，联邦上诉法院认为，是一个还是两个"事故发生"得由陪审团裁决。

根据要求，参加裁决的陪审团认为存在两次事故发生。因此，在九个保险人签发的，并入旅游者保险单的保险承诺书项下有两个每次事故限额。在 2006 年的 SR 国际保险有限公司诉世界贸易中心有限公司案件中（SR Int'l Bus. Ins. Co. Ltd. v. World Trade Centre Props., LLC），法庭认为，陪审团关于两次"事故发生"的判决是合适的，得到与该索赔相关的以下事实和情况的支持：

——世界贸易中心的毁坏分别由单独的火灾造成，该火灾由单独的飞机撞击独幢大楼导致。

——九个保险人中，每一个保险人的保险单的承保协议规定，被保险财

第九章
批单以及其他定制的条款

产的物质灭失或损坏触发保险责任。

——由被保险人雇用的保险顾问证实,财产保险人通常将"事故发生"的数量与物质损失的数量联系起来,这样才能要求被保险人自留的免赔额最大化。本案中,将"事故发生"的数量与物质损失的数量联系起来的惯例意味着有两个每次事故限额而不是一个。

——WilProp保险单与其他保险单以不同的方式定义"事故发生"一词。西尔弗斯坦在保险承诺书有效期间并未获得合适的保障,他在旅游者保险单项下为分层财产保险计划中的部分财产获得保险承诺书,在WilProp保单项下为其他财产获得保险承诺书。如果旅游者保险单的表述解释为将所有损失限于每次事故,那么该保险单的作用本该与WilProp保险单类似,尽管在保单表述上有所不同。

——按照西尔弗斯坦的要求,九个保险人可以选择在WilProp保险单项下提供保障(像西尔弗斯坦要求的那样),但他们拒绝这么做。他们选择了旅游者保险单,该保险单对"每次事故"一词未作定义。

——如果财产保险人要将保单的"事故发生"次数减少到最低程度,行业的标准做法是附加"小时"(hours)手工批单,将所有的损失都限在一个规定的时间范围内(如72小时)作为一次事件。2001年,"小时"条款通常被用在巨灾保险中,如地震、洪水或飓风。

——那九个保险人签发的大多数保险承诺书都包含"小时"条款,它们聚合了与某些损失原因相关的损失,但并未特别指出损失因火灾、飞机或恐怖行为造成。

第三部分
PART THREE

清晰地表述保单语言

有效地草拟保险单需要涉及某些领域中的技巧。保险单必须反映良好的法律，它们必须遵守管理解释和执行合同方面的法律原则，否则有些甚至全部条款就失去它们的基础。

　　保险单必须反映有效的核保管理。它们必须包含保险人愿意或不愿意承担被保险人风险的决定，并且明确地表述出来。否则保险人会发现，他们为自己从未打算承保的风险支付赔款，这些风险既无法合适定价也无法计算准备金。

　　保险单必须反映有效的风险管理。保险业的存在是为了向公众提供由于不可预见的事件对其造成财务损失的保障（当然，这样做也能使保险人获利）。成功的保险人能够设法既不回避又能识别和承保风险，并提供能够作为有效保险和风险管理计划一部分的各类保障。

　　为了能够有效地实现这些原则（良好的法律、有效的核保和有效的风险管理），保险单本身也必须是一种有助于承保成功的技巧。本书 C 部分的四章将分析保障条款的草拟过程，特别涉及英语写作的四个要素——词汇、语法、句法和风格，并重点分析这些要件是如何造成或避免保单词语解释上的模棱两可（作为保险单草拟者的最大敌人）。

　　第十章，题为"语义模糊"（Semantic Ambiguity），它显示出词汇和选词在清晰地表述保单定义、除外条款或保单条件上的重要性。保单解释规则指出，合同措辞要按照它们的普通、日常含义解释，除非在一些特定的场合。因此，保单草拟者必须注意词汇选择的方式，使得既不是律师、不是法官也不是保险专业人员的任何人都能够理解词它们的含义。

　　第十一章，题为"句法歧义"（Syntactic Ambiguity），它介绍语言的第二大构件——句法，它是通过词与词相互结合以获得其含义的一种方式。看来不经意地选择"and"和"or"这两个连词之一以将两个短语结合起来，会根本上地改变法庭解释保单语言的方式。即使通过增加"诸如……"（such as...）的表述方式来进一步阐明词语的含义，也可能强化或削弱保单草拟者的目的。本章提供了有帮助的句法成分清单，这些成分应当随时采用以使得保单条款不会模棱两可，而其他成分则应当尽量避免使用。

第十二章，题为"语境歧义"（Contextual ambiguity），它对整个保单结构进行分析以发现，仅仅由于条款在保险单中的位置，会使得它们清晰容易执行，或者变得模棱两可，使得保单草拟者的目的无法实现。将除外条款置于除外条款一章之外，或者未能明确地指出，如果这些除外条款被违反可能造成保险人拒绝承担责任的条件，都具有一定的危险性，这种危险性通过法庭的判例以及如何以最佳的顺序组织保单要素的建议来说明。

第十三章，题为"风格"（Style），检查的是清晰文字表述中所最难定义的要素——整个条款的可读性。本章分析简化保单语言的要求，以及满足这种要求的方法。另外还介绍如何安排句子结构，避免表述累赘的技巧，讨论文本在规定限额内的可读性评分。

第十章　语义模糊

显然，单个词汇是口头交流的最基本组成部分。除非保险单中使用的词汇意思明确，否则从整体上讲保险单是不明晰的。优秀的作者在写作时竭力选择正确的词汇。草拟保险单时，娴熟地选择词汇需要具备以下条件：

——知道词汇的准确含义。那些认为口头和书面用语是相同的人是不会正确地使用词汇，而且也无法理解本章开头的第一句话。

——懂得使用词汇的目的是交流而不是让他人产生印象。认为长句比短句好的保单草拟者是不会真正地对传递信息感兴趣。这种错误在保险合同中特别明显，因为它会传达一种印象，即合同草拟者故意设法使合同条款难以理解。

——不管词和短语出现在合同的任何地方，它们在使用上保持一致。用不同的词汇来表达相同的意思——通常的目的是形成多样性，以避免风格单调——可能会对读者产生误导，认为不同的词汇表达不同的意思。

本章检查作为避免保单语言出现模棱两可的关键的特殊语义问题（即每个词获得其含义的方式）。后面几章将介绍句法（将词组成句子）以及保单结构（将句子和段落并入整个文件中）对保险单以及每个条款含义产生影响的方式。

第一节　一致性

许多人从英文写作中都会意识到，文字重复是作者虚弱的表现，文字多样化表明作者是强大的。但是，在草拟合同时，不必要的词汇多样性也是不可接受的，因为它会带来问题：是否各种意思相似的词实际上表达的是相同的含义。这样，保单草拟的金科玉律是，用相同的方式说相同的事，用不同的方式说不同的事。

意思似乎相同的词实际上可能有不同的含义。保单草拟者应当静心考虑，是否在含义上细微的区别会产生重大的影响，以及仅采用具有类似含义的词中的哪一个更加合适。

文框10-1

在草拟合同时容易出现谬误的词汇

中文	英文	中文	英文
所有和每一	all and every	从……以及在……之后	from and after
和／或	and/or	有和获得	have and obtain
授权和指示	authorize and direct	如果……和当……时候	if and when
由……和在……之间	by and between	意指和包括	means and includes
由……和在……之下	by and under	必须和可以	shall and may
立约承诺和要求	covenant and require	请求和要求	request and demand
每个和每一个（既有个性又有共性）	each and every	应可获得（信息）和调查	shall have excess to and examine
在……（一段时间）内和在……期间	for and during	保证和陈述	warrants and represents

比如，超额责任保险单将"损失"（loss）一词定义为，不包括"所有成本和费用"（all expenses and costs）。在另一个条款中，保险单将"成本"（costs）定义为判决赔款的利息，调查、理算以及法律费用（但不包括

"所有被保险人的工薪雇员、聘请律师及办公费用")。这两种相互矛盾的表述使得保险单对抗辩费用保障存在歧义。

在1994年的附属FM保险公司诉欧文斯—康宁纤维玻璃公司案件中（Affiliated Fm Insurance Company v. Owens-corning Fiberglas Corporation, 1994），被保险人欧文斯—康宁公司为第三方索赔和责任购买了多层保险计划，基础保险层（primary insurance layers）在责任保障之外还承保额外的抗辩费用。根据该计划，附属FM保险公司提供总限额一定比例的成数超额保障。该超额层保险单是一种承保基础保险所有风险的保险单（"following-form" policies），它们将基础保险单的条款和条件并入自己的保险单中。

该超额层保险单赔偿了欧文斯—康宁公司的石棉伤害索赔，但后者要求前者也赔偿与石棉索赔相关的律师费和其他抗辩费用。FM保险公司拒绝了，因为超额责任保险单将"损失"（loss）一词定义为，不包括"所有成本和费用"（all expenses and costs）。保险公司要求地区法庭对其在保单项下的赔偿义务作出宣告式判决（declaratory judgment）。地区法庭在解释保险条款时发现，FM保险公司的保险单与基础保险单不同，前者明确地将与欧文斯公司抗辩石棉伤害索赔相关的成本和费用保障除外，因此判保险公司胜诉。于是欧文斯—康宁公司提起上诉。

上诉法庭认为，诉讼双方的争议在于对承保协议中"损失"一词的解释。保险公司认为，保险单承保的损失并不包括欧文斯—康宁公司的抗辩费用，因为保险单对"损失"的定义不包括所有成本和法律费用。保险公司还认为，保险单条件2对其立场提供支持，因为它允许欧文斯公司选择是否参与抗辩和理赔。条件2还要求被保险人通知可能导致保单项下索赔的任何意外事故，使得保险人可以选择是否参与抗辩和理赔。在保险人和被保险人都同意的情况下所发生的成本或费用将导致对抗辩费用的责任。

欧文斯公司辩称，由于基础保险单承保抗辩费用，而且FM保险公司的保险单承保的是基础保险单所承保的风险，该保险单也应当承保抗辩费用。此外，承保协议中关于"受限制的损失"（loss subject to the limits）的表述表明，只有侵蚀保单限额的赔款才是"损失"赔款，而抗辩费用是在限额外赔偿的。欧文斯公司认为，条件2只不过提供FM公司选择抗辩而不是选择支付抗辩费用的权利。欧文斯公司还认为，在"成本"一词定义中，"但不包括所有被保险人的工薪雇员、聘请律师以及办公费用（即将这些费用作为所除外的'成本'的例外）"这一括号部分的表述，使抗辩费用是否属于保险责任产生歧义。

上诉法庭认为，不能忽略排除法律费用保障的保险单又将内部或间接费用作为例外这一事实，而地区法院和保险合同双方都无法解释，为什么在不承保抗辩费用的保险单中，"损失"一词的定义又将内部或间接费用作为例外，这样做显然不合适。虽然括号中的表述与保险单其他条款并不产生冲突，但是它会产生歧义。由于地区法庭未能看到该括号中表述所产生的实际效果，也未能发现抗辩费用保障存在歧义，上诉法庭推翻了地区法庭的判决，判被保险人胜诉。

在1996年的圣保罗火灾和海洋保险公司诉密苏里州联邦参议员协会案件中（St. Paul Fire & Marine Ins. Co. v. Missouri United Sch. Ins. Council, 1996），一位怒气冲冲的家长打电话声称，在一个保险人签发的保险单的保险期间内学区发生不道德行为。后来，在另一个保险人签发的保险单的保险期间，该家长向学区管理人提起诉讼。第一份保险单承保保险期间内提起的任何"索赔"，但对索赔和诉讼未作区别。法庭在解释索赔一词时认为，它包括该家长所指控的不道德行为。第二份保险单承保保险期间内提起的任何"索赔或诉讼"。由于诉讼在第二份保险单的保险期间内提起，对该诉讼的保障在第二份保险单项下被触发。这样，法庭认为两份保险单都对该诉讼提供保障。

该学区案例可以与一个加州高等法院判决的案例对比。在该加州案件中，保单持有者从1955年至1988年拥有和经营一家农药和肥料公司。加州环境保护局确定保单持有者在一桩环境污染事件上是潜在责任方（potential responsible party，PRP）。保险人坚持认为，它没有义务为该被保险人抗辩和补偿，因为被保险人并未遭到起诉。在拒绝认为保单持有者声称政府在PRP函中的指令在作用上等同于起诉时，加州高等法院注意到，"索赔"和"诉讼"在整个保险单中的使用是有区别的。因此，法庭的结论是，"诉讼"一词是无歧义的，指的是实际的法庭程序。法庭表示，"通过规定只有'诉讼'而不是'索赔'触发抗辩义务，保险人在确定和限制其合同义务上画了一条清晰的界线"。保险人的诉前介入可以最终减少其补偿责任，至于保险人是否根据保险合同的约定诉前介入，"这仅仅是保险人主观判断的问题"。

是否保单措辞表述不一致会导致负面的推论，1996年的伊利诺伊州的阿切尔—丹尼尔斯—米德兰公司诉凤凰保险公司的案件 [Archer-Daniels-Midland（ADM）Co. v. Phoenix Assur. Co., 1996] 可以说明这一点。在该案件中，ADM公司是一家从事国内外消费农产品的加工企业，为其在密西西比河洪灾中遭受的财产及额外费用损失在第一方保险单项下向凤凰保险公司提出索赔，后者赔偿了前者的财产损失，但却以保险财产的物质损失发生在供货商所在地而非保险单"指定地点"（scheduled locations）为由拒绝赔偿因此导致的额外费用损失。为此，ADM在法庭上起诉保险人。

保险单的额外费用及收入损失保障附表对保险责任表述如下："本保险单扩展承保由于所承保但未被其他条款除外的风险造成的直接物质损失导致被保险人支付的额外费用……（This policy is hereby extended to cover Extra Expense sustained by the insured as a result of direct physical damage caused by the perils insured against under this policy and not excluded elsewhere in this form...）。保单明细表载明了作为指定地点的多处被保险人营业地址。

ADM 认为，上述条款没有歧义，该保障附表项下由于直接物质损坏导致额外费用索赔的两个前提条件是：（1）额外费用由于直接物质损坏所导致，以及（2）由于本保险单所承保的风险事故所造成，但并未规定风险事故发生地。ADM 还指出，保险单中至少 9 处特别表示，要使保险条款适用，财产必须在保单项下承保，但也未指出所承保的是指定地点的财产。

保险人认为，保障附表承保的是保险单指定地点（scheduled locations）。保险人还辩称，额外费用保障仅限于被保险人的指定财产在遭受损失的情况下。从保险单整体来看，供货商的财产损坏及服务中断导致被保险人产生的额外费用是不保的。

法庭认为，额外费用保障附表表述明确，它并未要求必须是保险单所承保的财产或"指定地点"的财产遭受直接物质损坏。被保险人的供货商财产损坏和服务中断所产生的额外费用属于保险责任范围。

用词上的变化对保险责任意味着什么，这个问题并没有引起足够的注意。在这点上，有个关于从"营业中断"向"必要的暂停运作"变化的例子。一位保单持有者设法在营业收入保障（称为营业中断保险）项下向保险人索赔由于运营中断造成的损失。一个新的计算机系统未能发挥作用并造成保单持有者的肉类包装厂运营速度减缓。法庭判决，保单持有者并未遭受损失，因为他的运营并未中断。法庭认为，"中断"这一词的直白含义指的是临时而不是完全终止活动。因此，由于保单持有者的运作在计算机出现问题的整个期间都在持续进行，虽然效率有所降低，因此保单持有者是无法获得间接损失赔偿的。

还有一些其他成对的词汇，它们可能被认为是可替换或不可替换的，但这些词在保险单中是绝不能交换使用。这些配对的词汇包括免赔额和自留额（deductible and retention）、过错和过失（fault and negligence）、场所和地点

（premises and location）、机动车和车辆（auto and vehicle），以及被保险和被承保（insured and covered）。

第二节 定义

合同当事方可以在他们的合同中对任何词或短语下定义。定义能够在以下几方面有助于合同的草拟：

——消除歧义；

——对含义模糊的词语予以澄清；

——在整个合同中保证词汇解释的一致性；

——对合同的细节内容简化处理，以缩短整个保险单的篇幅；

——描述新的概念；

——对合同方可能不太理解的词汇做出解释。

在类似保险单那样的消费合同中，合同草拟人应当对类似法律或其他技术性的非一般或不熟悉的词汇予以定义，这些词草拟人在合同中不可避免地要使用它们。

定义有两种主要类型：完整型词汇（full lexical）和部分型词汇（partial lexical）。

完整型定义（full definitions），如在字典中看到的，表达的是词或短语的完整含义，它们与有类似含义的词语绝对区别开来。用现在时表达词语的完整含义时，采用"是指"（mean）一词。如：

"价值的减少"（diminution in value）是指市场价值或再售价值实际或预期的减少，该减少是由于直接和意外"损失"造成。

总之，只有在三种情况下可以使用完整型词语定义。首先，如果该词有多种含义（其中一种或多种与草拟者使用该词的意图相悖）且歧义不能被周围的词汇所消除，这种情况下就要使用完整型定义。其次，完整型定义对文件使用者可能不了解的词汇是合适的。比如，在针对饮料公司的诉讼中，分销商声称该饮料公司存在价格歧视行为（price discrimination）。保险公司提供个人伤害保障，"个人伤害"的定义部分包括"羞辱"和"歧视"。保险公司辩称，"价格歧视"是一种术语，它并不适合"歧视"一词的普通意义。但法庭发现，该"歧视"一词有歧义。法庭认为，按照"对起草人不利"原则，保险人有义务为被保险人抗辩。保单草拟者本应当使用"歧视"一词的完整定义（如歧视是指在种族、肤色、性别等方面的歧视）。

采用复杂的技术、法律或科学概念的保险单应当对这些概念词语予以定义，既能使合同方理解这些词的含义，又能避免可能与这些概念相关的竞争性技术或科学理论产生技术争议。比如，与"硅"（silica）风险暴露相关的人身伤害除外条款包括以下定义：

"'硅'是指硅二氧化物（透明、无固定形状和不纯净）、硅石微粒、矽尘或硅混合物。"

该定义可以避免出现这样的争议，即该除外条款不适用于当硅在以其他物质形式存在时造成的个人伤害。

此类定义有时相当复杂。比如，标准的营业收入和额外费用保障附表按照特定的会计业务说明对所承保的"租金价值"（rental value）予以定义：

"'租金价值'是指营业收入，它由以下部分构成：

a. 纯收入（所得税前纯利润或纯损失），它是您从租户占用您所提供的，声明中描述的场所中本该赚到或发生的，包括您自己占用所描述的任何部分的场所的合理租金价值；以及

b. 与该场所相关的、所发生的继续正常运作的费用，包括：

（1）工资；以及

（2）费用支出额，该费用支付是租户的法律义务，但现在成了您的义务。"

当保单草拟者部分上依靠词语的普通意义时,就采用部分型定义,但还需要一种或多种额外的提炼或说明。考虑以下限制性定义,假设该定义的含义已经很明确。

"'全体教师(Faculty)'并不包括业余教师。"

还有一种限制性版本,它并不以上述假设为基础,如:

"'全体教师'指全职教师。"

在范围扩大的定义中,一般性含义发生变化,在通常理解的含义中额外增加了一些可能不太明显的内容。定义范围扩大时使用"包括"这一动词,如以下例子:

"'全体教师'包括业余教师和访问教师。"

范围扩大的定义经常用在当过去未定义(以及一般都懂得)的词由于核保实践或法律判例获得额外含义的情况下。保单草拟者不是在该词已经了解的含义上随便做些更改,而是在已有定义的基础上额外增加要素。过去曾经用来承保由于意外事故造成责任的普通责任保险单,在19世纪60年代又作了修改以承保持续或重复地,造成人身伤害或财产损失的风险(而不是孤立、突发意外事件)的责任。保险责任的触发由"意外事故"(accident)变为"事故发生"(occurrence),后者的定义也被引入CGL保险单。保单草拟者并不想干扰人们对已经确定含义的"意外事故"一词在普通法上的理解,而是设法以特殊方式扩大该词的含义:

"'事故发生'指一件意外事故,包括持续性或重复性地暴露于基本相同的一般有害环境('Occurrence' means an accident, including continuous or repeated exposure to substantially the same general harmful conditions)。"

如果被定义的词或短语出现在保单定义部分,该定义向那些已经理解其含义的人对所定义的词作出解释。

"'人身伤害'指身体伤害、疾病或病痛,包括在任何时候由于任何这些原因导致的死亡。"

循环定义（circular definition）是指用定义词来解释被定义词的含义。如"逻辑学是研究逻辑的科学"，它的定义项里直接包含了被定义项，这种循环定义也称为同语反复（tautology）。另外，定义中不应当仅含有被定义词的同义词。如果读者懂得该同义词，保单草拟者也可以使用该同义词。

在部分型定义中经常出现表述累赘的现象。使用较多或不必要的难词来表达含义会使人困惑。如：

"'汽车'包括所有的四轮或四轮以上的机动车。"

该例子并没有扩大词汇定义，它显示的是词汇定义加上扩大了的定义。我们通常知道，"汽车"指机动车辆，无须再采用同义词来说明。如果保单草拟者要表明拖拉机挂车也承保，该定义就应当作出说明。如果打算仅将任何摩托车除外，该定义就要按照以下方式修改：

"'机动车'并不包括摩托车。"

但是，当保单草拟者希望强调特定项目包括或不包括在定义中时，将词汇定义和部分定义结合起来是必要的。

如果定义中表示，该词既"指……"又"包括……"，这种表述方式是不可接受的。除非在指称部分定义之前已经给出了完整的定义，这种既限制又扩大定义的混合物所带来的结果就是相互矛盾。比如，

"'住宅'是指包括住房、活动房、公寓或公有房屋。"

是否"住宅"一词包括旅馆、私人疗养院或其他作为住所的建筑结构？不可居住或通常用来作为住所的建筑结构如车库是否也属于住宅？增加一个词汇定义可能挫败使用扩大性定义的目的，因为它会招致辩称，定义中未提及部分是除外的。

第三节 在定义类型之间作出选择

草拟定义并不是易事。有一个所谓的"拔掉鸡毛的鸡"(Plucked Chicken)的寓言。柏拉图(Plato)雅典学院的继任者花了大量的时间思考"男人"(man)一词的定义问题。他们决定,该词的定义是"没有羽毛的两足动物"(a featherless, biped animal)。他们很满意该定义,直到后来,提奥奇尼斯将一只鸡扒光了毛,并将它带到柏拉图的学院,对大家说,看,我给你带来了一个人。从那时开始,在柏拉图的定义上又增加了"带有又宽又扁的指甲"。这个故事表明,一个看来十分简单的词的定义,仍然有不足之处需要进一步完善。

从保险公司的角度看,一个用来提供或扩大保险保障的条款应当采用限制性定义,如:

——限制性定义(Restricting Definition):损失并不指惩罚性损害赔偿。
——限定性定义(Confining Definition):损失指补偿性损害赔偿。
——扩大性定义(Enlarging Definition):损失包括补偿性损害赔偿。

限定性和扩大性定义存在承保未提及的损失风险的可能性,如惩戒性损害赔偿、处罚、罚款、多倍损害赔偿中的增加部分、附加税、监管制裁。限制性定义指定哪类损害赔偿列入"损失"定义中。

从保险公司的观点看,扩大性定义应当用在限制保险责任的条款中,如标准的商业普通责任保障部分中的一个定义:

"产品—完工运作风险因素指在你所拥有或租借的场所之外发生的,由于你的产品或你的工程所引起的身体伤害或财产损失……"

与完整型定义不同,部分型定义可以不再需要描述词或短语的每一种含义。但是,它存在一种危险,即定义是不完整的。如果 A 不指其他只指 B

（限制性定义），A也指B的每一点。不言而喻，如果A并不指B（限定性定义），A也不指B的任一部分。

考虑以下在某些雇主实践责任保险条款中的定义：

"歧视指由于种族、肤色、宗教、年龄、性别、残疾、怀孕或国籍的原因，终止雇佣关系或将雇员降级或未能或拒绝雇佣任何雇员或未能给任何雇员升级。"

该定义的专属性导致保障上的空缺。根据该定义，其他事件如惩戒、调任、评价上的歧视就不提供保障。而且，对其他受法律保护的群体提出的索赔也不提供保障。其他未列出的还包括对家庭身份、外表以及吸烟的歧视行为。也不清楚，基于性别倾向的歧视行为是否也包括在该定义中。上述该定义的标准表述方式假定的是，合同当事方故意省略清单中未列出的行为。如果法庭采用该标准表述，保险责任则不适用于基于性取向所作出的雇佣决定。

在雇佣实践责任保险单中还有一种定义技术，即在通用术语项下列出特定的参照物：

"歧视指任何基于种族、肤色、宗教、性别、残疾、怀孕、国籍或其他根据任何法律法规受保护的身份或特征方面的雇佣实践行为。"

使用"其他根据任何法律法规受保护的身份或特征"这一通用术语，排除了由于保险单未特别陈述由法律法规所创建的风险暴露造成的保障空缺（但是，根据该定义，歧视行为并不包括以普通法为基础的雇佣实践行为）。这样，该定义并不承保普通法项下的错误解雇侵权行为。

另外一种使用清单定义的危险性在于法庭可能将定义的范畴限制在一个公分母上（a common denominator）。考虑以下保单中的定义，该保险单将由于个人伤害所引起的责任除外：

"个人伤害指情感抑郁、口头或书面诽谤、损毁名誉或违反个人隐私权。"

一种解释标准认为，如果清单中列举了特定项目，那么未在该清单中列出的项目将被认为包括在与清单项目相关联的种类中。要确定这种关联性，我们要看这些项目的共性。有一种可能的关联性是对自然人而不是公司造成的伤害，因为公司不会遭受情感上的抑郁。根据这种分析，保险单并未排除对公司的诽谤。

保单草拟者在过于特定的语言和过于笼统的语言之间走钢丝。如果定义限制得过死，法庭修改甚至拒绝使用该定义，因为它不合理或者不符合保单持有者的合理预期。如果定义过于宽泛，会使保险人暴露于其核保人未预见到的风险。保单草拟者的工作是在这两种潜在的危险当中把握好合适的尺度。

第四节 在草拟保险单和使用定义上的其他问题

还有几种如何避免在草拟定义时出现常见错误的指引。这些指引并不是秘方，能够使得草拟者不假思索地构思出完美的定义，它们是有价值的定义评估标准。

——定义应当陈述被定义概念的重要属性，即什么使它与类似的概念或事物存在区别。定义可能与所定义的概念或事物的起源、与其他相关联的概念或定义的使用相关。这样，鞋子（shoe）一词不能仅仅按照它的形状或材料予以定义；鞋子的定义还必须提及它的用途，如脚的外部包裹物。

——定义不能是循环性的。如果定义是循环性的，在为词汇下定义的目的上，显然它是失败的。该指引排除了用同义词作定义的方法。

——定义既不能太宽泛（未能将被定义词汇区别于类似词汇），也不能过于狭窄（未能在定义范围内包括属于该定义的项目）。

——定义不能用模棱两可、含糊或比喻性的表述。

——定义不能是否定性的。

如果定义草拟者设法让保险消费者接受标准保险合同中含义过分狭窄的定义，就存在一种危险，即法庭会不同意采用它。也就是说，它不但违反了合理预期原则，也因为定义存在模棱两可，而导致实施"对起草人不利"的原则。

如果有时保险合同中某些词汇的含义由法庭确定而不是根据合同表述，那么它与定义是如何表述的会有任何关系吗？是的，有关系。词汇的定义是不能与草拟者想让读者理解的该词的含义存在巨大的冲突。定义草拟者应当仔细地考虑，是否所定义的词汇是草拟者欲表达的含义的最显著和最自然的选择。如果定义范围太窄，就使用其他词汇表述。

重要的是，要使被定义之词能够在句子当中凸显出来，使读者能够立即懂得，该词的定义支配着整个句子的含义。被定义之词的标识可以采用引号、斜体字、底下画线、黑体字或全部大写字母。选择哪种方式，应当仅限于定义词的使用。如果黑体字或下划线在保险单中也用于其他目的，就不能将它们用于定义词。

最好在第一次使用定义词时就要采用上述标识。定义可以归集在保险单中的定义部分，或者置于使用定义词的那一章中。

在定义中要避免错误地使用祈使句（如应适用于、应指、应包括、不应包括）。假设定义词现在有效，应当用一般现在时表述，如适用于、指、包括或不包括。

第五节　抽象和原型

在表述保单语言时，有时需要或多或少地描述风险、责任、损失原因或人身伤害或财产损失的类型。承保由于火灾造成的损失采用的是非常具体的保障条款。火灾是特定、容易识别的现象，但是，保险单承保意外事故（如普通责任或甚至火灾保险单）还要以被保险人（或法庭）能够了解是否特定现象属于抽象的"意外事故"为基础。

多数保险单在某种程度上是以读者对抽象词的理解为基础。承保"污染"实际上是承保一种抽象概念，它有许多不同的具体表现。这种情况与被保险人"欺诈"会导致保险责任无效的情况一样。污染和欺诈并不是事物，它们是类别名称，根据该名称，我们将具有某种特定共性的事物和事件分组并联系起来，该共性使得这些事物或事件具有抽象的含义。除非该抽象词的共性很明显，否则以抽象词来定义的保险保障将不明晰而且存在潜在的歧义。

一、抽象性不足（Insufficient Abstraction）

创建抽象概念时，保单草拟者所选择的词或短语可能过于特定，以致他未能有足够的事物或事件使得该抽象概念变得有用。举建筑物和个人财产保障附表（CP 00 10）为例。该保障附表规定，企业个人财产保障适用于所列举的财产类型，它们位于"所描述的场所室外100英尺范围内（或机动车内）"。从核保角度看，该短语"所描述的场所"可能不够抽象以至于无法承保保单持有者的风险。

比如，商业租户的场所通常不包括整座楼房或楼房下面的整片土地，仅包括租户拥有租赁权益的那部分楼房。实际上，租户场所的范围可以根据房屋租赁条款明确予以限制。因此法庭可以确定，租户保险单中的企业个人财产保障范围也相应受到限制。这种情况发生在2003年的长青国家补偿保险公司诉 TIA 公司案件中 [Evergreen Nat'l Indem. Co. v. Tan-It-All（TIA），Inc., 2003]。在该案中，小偷从被保险人停放在购物中心外的卡车上盗窃了后者的制革设备，该被保险人在购物中心租赁了摊位。保单声明页将被保险人的场所指称为购物中心的邮寄地址，而不是购物中心本身。保单声明页上这一限制性表述证实了普通法认为租户场所仅限于拥有租赁权的场地。因此法庭认为，商业个人财产保障适用于被保险人的租赁场地外 100 米范围内。由于卡车停在该租赁场所 280 米外，该盗窃不予承保。

有一种解决该问题的方法，那就是具体概括该抽象短语"所描述的场所"（described premises），并规定，在室外或在车辆内的个人财产损失保障范围为，被保险人所租赁的房屋位于场所边界外 100 英尺范围内。将以下建筑物和个人财产保障附表与营业收入及额外费用保障附表（CP 00 30）采用的上述方法进行比较。

文框 10-2

**比较两份保障附表
所承保的企业个人财产的位置**

所承保的企业个人财产的位置

建筑物和个人财产保障附表（CP 00 10）

我们将为你位于声明中描述的建筑物内，或在所描述的场所外 100 英尺内（within 100 feet of the described premises）的室外（或车辆内）的企业个人财产的直接物质灭失或损坏承担赔偿责任。

营业收入和额外费用保障附表（CP 00 30）

我们将为你遭受的实际营业收入损失承担赔偿责任，该损失是由于在声明中描述的地址内的个人财产的直接物质灭失或损坏导致必要的暂停运营所造成……至于在室外或车辆内发生的个人财产灭失或损坏，所描述的场所包括该场所地点之外 100 英尺范围内的区域（within 100 feet of the site at the which the described premises are located）。

保障附表CP 00 10规定为位于"所描述的场所外100英尺内"的个人财产提供保障，是一种不充分的抽象表述，以致无法完全承保商业租户的风险，但附表CP 00 30中的表述将保险责任扩展到"所描述的场所地点之外100英尺范围内的区域"的个人财产，它扩大了其抽象概念，更好地保护租户的利益。

二、无定型的抽象概念（Amorphous Abstractions）

有的条款是那么抽象，以至于能够包括大于它所预期的内容，或者无法对该抽象概念范围内外的内容进行区别，使抽象词本身失去了它合理的含义。也许过分抽象的经典案例是1985年CGL保险单中引进的所谓绝对污染除外条款中的污染物（pollutants）的定义。有些法庭发现，除外条款中污染物的定义过分宽泛，根据它的表述，污染物几乎扩展到任何物质。该定义如下所示：

"污染物指任何固体、液体、气体或热刺激物或污染物，包括烟雾、蒸汽、煤烟、浓烟、酸、碱金属、化学品和废物。废物包括待循环、复原或再生的材料。"

紧接着在引入该表述之后，保险人又被迫表示，火灾造成部分损坏的烟损，并不是他们计划作为"污染"损失的一种类型。与倾倒废木料和废金属相关的伤害，也有必要作类似的澄清。尽管它们被指称为废物，但从技术上看，它们也是污染物。

路易斯安那州高等法院注意到，在新引入的表述项下：

"如果便利店中的一位顾客踩到从油罐中漏到地下的食用油而不慎滑倒，他随后向便利店提出的人身伤害索赔将被CGL保险单所除外。同样，如果装满洗涤剂的罐子从便利店货架上落下来，砸伤了顾客。由于罐子内有毒的化学物质溅出，使该顾客皮肤灼伤，这种污染造成的伤害也是除外的。同样，如果便利店的商品遭受虫害，在灭虫过程中，杀虫剂不慎喷洒到顾客的身上，或者如果便利店的液化气设备漏气，对顾客造成伤害……"

第七次巡回法庭表示："几乎没有什么物质"不能被用来作为刺激性或损坏性的污染物。法庭发现，"污染物"一词的定义存在歧义，它表示：

"如果不采用一些限制性措施，污染除外条款会扩展到预期范围之外，而且导致一些荒谬的结果。"

许多法庭发现，标准的绝对污染除外条款表述过于宽泛，但保险公司在上述案件的判决中又很难败诉。这些判例直接或推断性地证实，保险人可以排除由环境保护部门管理的各种类型的工业污染。但是，扩大除外条款的范围至少可以使得保险人不必为那些最严重的环境损害类型承担赔偿责任。

三、使用范例来阐明抽象概念所指

如果那些被要求理解和应用抽象概念的人，通过用法说明能够想象出，抽象概念是如何具体化的，这种抽象概念才有用。将抽象概念具体化的一种方法是采用范例说明，如以下条款所示：

"本公司可以通过向指明被保险人邮寄书面通知的方式解除保险合同，该通知将告知何时（不迟于邮寄通知后 30 天）合同解除生效。通知包括但不限于书面挂号信的方式。"

要注意以某种方式描述范例，使得范例不被认为是一种限制。以下条款可以说明上述通知条款所存在的问题。

"本保险合同可以由本公司通过向指明被保险人寄送书面通知的方式解除，该通知告知寄送通知后何时合同解除生效。通过挂号信（a registered mail，为高价值的物品如珠宝提供安全和保险保障。邮局保存运输日志和经手该邮件的人员的签字，邮寄过程中，邮件存放在安全的地方。类似保证邮件，发件人可以获得邮件的电子证据并追踪它直到目的地）的书面通知构成合同解除通知。"

第十章
语义模糊

是否书面通知得通过挂号信寄送？这取决于保单条款将其作为一种例子还是一种限制。如果只是一种例子，那么保险公司能够用保证邮件（a certified mail，指次于挂号信的一级邮件，寄件时得提供收据，收件时须签字，保证送到，但不保价）寄送通知。但是，在第二个引用的条款中，保证邮件可能无法解除合同。要注意，以上两种条款都不允许通过直接递交通知来解除合同。

如果定义草拟者只打算提供范例，他应当采用传统的表述如"例如""比如""包括但不限于"等。如果草拟者意在限制，他可以使用限制性表述如"只有当"或"前提是"。显然，范例应当表达比抽象概念更加具体的事物，并用该事物来支持自己的概念。

四、范例

范例（Exemplars）是某一大类事物的典型或代表。如果能够设计出相对全面的范例清单，那么范例有时用来作为抽象概念的另一种选择。在1991年的德莱塞和麦基诉房屋保险公司案件中（Dresser & Mckee v. Home Ins. Co., 1991），一位建筑工人受了伤，声称是因为建筑师的过失造成。负责项目建设的建筑师被指控未能采取某些防范措施，导致该工人受伤。在责任保险单中，"被保险人"和"保险合同"的定义都排除被保险人的专业服务或对建筑师、工程师或检验员在以下几方面的补偿：

——准备、批准或未能准备、批准地图、图纸、意见、报告、检验、工程变更通知单、设计或说明书；

——作出或未能作出指示或命令，如果它们是造成人身伤害或财产损失的主要原因；

——监督、检查或工程服务。

法庭将重点放在"专业服务"一词定义的范例上，它们认为，"保险单并未明确将建筑师的一般过失或过失管理或控制导致的索赔除外"。法庭还表示，"监督"一词容易存在两种解释。该词能够狭窄地解释为对管理或控制专业活动的描述，或者宽泛地解释为对整个项目的管理或控制，涉及专业或非专业活动。因此，法庭认为，保险责任适用于对建筑师由于监督非专业服务所引起的责任的补偿，而建筑工人受伤正是因为建筑师的非专业性的一般过失造成。

第六节　特定的词和短语

保单或其他法律文件草拟者可能会面对着各种各样的语义问题。下面是一些经常遇到的语义问题领域。

一、定冠词

定冠词（the 而不是 a or an）的选择能够以无法预料的方式影响保险保障。考虑以下解释所谓的故意行为除外的案件。

文框 10-3

解释"故意行为除外"的案例

措辞表述	法庭判决
"本保险不适用于被保险人预期或打算的人身伤害或财产损失。"	法庭判决，"被保险人"一词仅仅禁止丈夫造成的个人伤害，因此保险人有义务在诉讼中为妻子抗辩。在该诉讼中，女儿声称妻子（母亲）未能阻止女儿所遭受父亲的性虐待 [见1997年的汉诺威保险公司诉克罗克案件（Hanover Ins.Co. v. Crocker, 1997）]。
"本保险不适用于从被保险人（any insured）的角度看属于预期或打算的人身伤害或财产损失。"	针对父母亲的过失索赔是不承保的，因为实施性犯罪的儿子是被保险人，而且该除外条款适用于"任何被保险人" [见1994年的斯旺特科夫斯基诉道森案件（Swentkowski v.Dawson, 1994）]。

二、极限形容词（Extreme Adjectives）

类似"所有""一个也没有"这样的形容词需要宽泛地解释。条款草拟者在使用这些极限形容词要引起注意，特别在提供保险保障的时候。举例说明。在 1996 年的阿姆斯特朗世界公司诉安泰损害和超赔保险公司案件中（Armstrong World Ind., Inc. v. Aetna Cas. & Sur. Co., 1996），法庭指出：

"该事件触发了保险责任，但前者并没有说明保险保障的程度。虽然保险单只有在'保险期间'发生人身伤害或财产损失的情况下才被触发，但是，一旦保险单被触发，该保险单就有义务支付被保险人应支付的人身伤害或财产损失损害赔偿的'所有金额'（all sums），保险人为被保险人承担的全部责任负责，而不仅仅是保险期间发生的人身伤害或财产损失那部分。"

三、时间和空间

在一个 16 世纪发生在英国的案件中，被保险人威廉·吉朋购买了一份一年期保险。吉朋先生在日历年度（calendar year）届满前去世。保险人拒绝其妻子的索赔，理由是保险期间是一个"农历年度"（1 lunar year）。法庭判妻子胜诉。在这第一个已知的运用"对起草人不利"原则的保险案件中，法庭认为，保险人应对所使用的有歧义的"保险期间"这一短语负责，因为是保险人选择保险合同的语言。

如果在保险单中提及的时间或日期上存在疏忽，可能会无意中导致歧义。用时间一词表示一个时期的开始和结束时，该词可能被认为指的是事件发生时白天或晚上的具体时间。打算用天数或小时数来衡量一段时间的保单草拟者，应当采用天或小时而不是时间。

在确切指明一段时间时，保单草拟者应当明确第一天和最后一天的日期。

文框 10-4

时间表述对比

有歧义的表述	较清晰的表述
from July 1, 2010, to [从 2010 年 7 月 1 日至……但是这种表述是否包括 7 月 1 日尚不明确]	after June 30, 2010, or after July 1, 2010 （2010 年 6 月 30 日之后，或 2010 年 7 月 1 日之后；如果包括 7 月 1 日则采用前者，如果不包括 7 月 1 日则采用后者）
between July 1, 2010, and （2010 年 7 月 1 日和……之间，但是否包括 7 月 1 日尚不明确）	after June 30, 2010, or after July 1, 2010 （2010 年 6 月 30 日之后，或 2010 年 7 月 1 日之后；如果包括 7 月 1 日则采用前者，如果不包括 7 月 1 日则采用后者）
to（until, by）July 1, 2011 [到（直到）2011 年 7 月 1 日为止，但是否包括 7 月 1 日尚不明确]	before July 1, 2011, or through to July 1, 2011 （2011 年 7 月 1 日之前，或到 2011 年 7 月 1 日为止；如果包括 7 月 1 日则采用前者，如果不包括 7 月 1 日则采用后者）

当创建一个相互排斥的二分法时（a mutually exclusive dichotomy），保单草拟者应当注意不要留下"未分配的中间值"（undistributed middle）。比如，如果某一被保险群体是雇员，他们至少 65 岁，服务年限至少 35 年，剩下的人应当确定为 65 岁，服务年限少于 35 年。在这个案例中，确定第二类人群的较好的表述是"所有其他雇员"（all other employees）。如果考虑得不周到，保单草拟者可能将这两种群体看作为 65 岁以上以及 65 岁以下的人（但并未涉及那些刚刚 65 岁的人）；或者说那些至少 65 岁，服务至少 35 年的人；以及那些 65 岁以下，服务不足 35 年的人（并未提及那些 65 岁，服务年限达到 35 年的人）。同样，在 1 月 1 日之前和 1 月 1 日之后这一对日期中也遗漏了 1 月 1 日这一日期。

在指定某一刻或一段时间中的某一刻时，过去分词（以 -ed 结尾的动词形式）也会出现模棱两可的现象。1997 年，美国保险服务局公司（ISO）设计了一些标准的额外被保险人批单，以排除在指明被保险人实施的已完成的运作中对额外被保险人的保障，指明被保险人的保险单原来也承保这些额外被保险人。ISO 解释了自己为什么这么做，并指出，在 CGL 保单的"你的工作"（your work）定义项下，已完成的运作保障并不打算适用于额外被保险人。"你的工作"在 CGL 保单中的定义是

"由你或代表你从事的工作或运作。"

保单草拟者显然了解该短语"由你所从事的工作"是指由被保险人"正在从事的工作"（being performed by you）法庭坚持认为，该短语包括"你已经从事了的工作"（has been performed by you）的含义，它指已经完成的工作。

为了明确所修改的额外被保险人批单并不承保对已完成工作的责任，ISO 将"你的工作"（your work）这一短语从批单中移除，因为该词在保险单中的定义表示对已经完成的工作的保障。

在表述空间关系时，也可能出现意义不明确的情况。比如，航空保险单承保由于在美国或其领土或属地之间旅游时发生的损失。该保险单被解释为承保飞机在美国领土的两个地点之间旅游时遭受的损失，即使飞机在飞行过程中并不经常在美国领土上飞行 [比如，从纽约城飞往阿拉斯加州的安克拉治（Anchorage, Alaska）时，飞机可能要经过加拿大领空]。法庭拒绝保险人的辩解，即保险单仅承保发生在美国领空上的损失。法庭发现，"在……之间"（within）一词的解释包括任何飞往美国、其领土或属地的任何合理的航线。

四、代名词

代名词是用来替代名或名词短语的词，如他、她或它。保单草拟者应

当确定代名词的先行词（antecedent）——被代名词替代的名词——是绝对清晰的。含有一个代名词和两个或两个以上名词的短语或句子可能存在代名词与错误先行词相关的风险。

如果对代名词所替代的名词或名词短语不明确，可以通过将代名词尽可能地靠近它所替代的名词或名词短语。但是，仅仅采用这种技术可能不足以避免出现先行词不清晰的现象。如果上下文出现代名词所指含义不明确时，该代名词应当用该代名词所指称的人或物的名称替代。考虑以下例子：

"本保险单将赔偿每一个被保险人由于保险期间针对他们的首次索赔所遭受的损失（This policy shall pay the Loss of each and every Insured arising from a Claim first made against them during the policy period. 其中 each 着重个别的情况，every 着重全体，有'所有'的意思）。"

该条款有些模棱两可，因为它不清楚，是否必须向任何（any）被保险人而不是所有（all）被保险人提出索赔。该歧义可以通过用"任何被保险人"替代"他们"来消除。

"本保险单将赔偿任何被保险人由于保险期间针对任何被保险人的首次索赔所遭受的损失（This policy shall pay the Loss of any Insured arising from a Claim first made against any Insured during the policy period）。"

五、复数（Plurals）

除非有理由这么做，保单草拟者应当使用单数名词而不是复数名词。以下条款可以解释这个问题，该条款中无须使用复数名词。

"在保险单项下支付赔款之前，要求保险人预付抗辩费用的被保险人（Insureds）必须书面同意，如果最后确定，在保险单项下保险人对该损失索赔不负责，那么根据要求，被保险人（Insureds）将偿还保险人所有的，与索赔相关的，预付给该被保险人或代表被保险人（Insureds）支付的抗辩费用。"

是否必须由多个保险人要求预付抗辩费用？是否必须有多个索赔？要求每个被保险人提出多少个索赔？如果保险单不承保该预付赔款，一个被保险人（an insured）书面同意予以偿还，是否该被保险人对将来的抗辩费用支付都要同意该偿还条件？

如果采用单数，就可以避免这些解释上的问题。

"如果一个被保险人（an insured）要求保险人预付与索赔相关的抗辩费用，那么作为保险人预付抗辩费用的前提，该被保险人必须书面同意，如果最后确定保险人在保险单项下对该损失索赔不负责，该被保险人必须向保险人偿还抗辩费用。"

六、列出细节

列出细节是表达含义的常用方法。比如，财产保险单可能排除由于白蚁造成的损失。但根据条款解释规则（该规则涉及保险单中未提及的，除外的细节问题），如果条款未将由于木蚁造成的损坏除外，那它就是承保的。如果要将木蚁损坏除外，就要加上一句通用术语：

"本保险单将由于木蚁和其他食木昆虫造成的损失除外。"

但是，即使有了以上表述，由于出生在木头中的甲虫并不食用木材，它们仍然被承保。因此，该通用术语要进一步扩大：

"本保险单不承保由于害虫造成的损失。"

该表述需要解决的问题是"害虫"（vermin）的定义。

第十一章　句法歧义

句法歧义（syntactic ambiguity）是指由于句子或段落中词或短语安排不当，而不是因为词或短语有多种含义而出现的歧义。保险单中的句子可能采用含义准确以及双方都同意的词汇，该词汇在语法上是正确的，但是由于在句子中安排不当仍然会产生歧义。本章探讨一些保险单的句法原则，它们能有助于保单草拟者避免词汇出现意料之外的冲突，使得含义不清、造成歧义。

第一节　连接词

最简单的句法结构是通过连接词将词汇根据其相互关系连接起来，而连接词（connectives）传递这种关系的性质。连接词如和（and）、或（or）、但是（but）、然而（however），以及介词（prepositions）如从……（from）、由（by）、和（with）、由于（out of）、向（to）、为了（for），可以明确它们所连接的短语或句子是打算如何相互作用，或者如果使用不当，它们会使得这些相互作用变得难以理解。

一、和与或

和与或的区别通过这样表述来解释，即"和"代表连接词或附加内容引导词；而"或"代表反义连接词或替代选择词。"和"一词意指包括多种可能性，而替代选择词"或"告诉你从这些可能性当中选择你所要的词。但是，"和"一词本身可以使用在一些上下文中以强制选择替代词，而"或"一词同样也可以用在包括性的含义中。

法庭采用"和"的连接词含义，以及"或"的反义连接词含义，除非这些词还有其他解释以使得保险条款讲得通。在 1995 年的哈特福特安全保险公司诉凯文·塔克和协会案中（Security Ins. Co. Hartfort v. Kevin Tucker & Assoc., 1995），法庭被要求判决期内索赔制职业责任保险单项下承担的保险责任。保险单适用于：

"保险期间内提出的索赔，前提是：

a. 索赔发生在保险期间，或

b. 导致索赔的错误、遗漏或疏忽行为发生在 1989 年 12 月 8 日之后。"

保险单通过批单予以修改，用不同的"b"段落替换以上所摘录的"b"段落。前者提供"过去行为"（prior acts）保障，但有追溯日期——该条款适用于保险期间之前发生的专业过错行为保障。被保险人因为保单起始日期 1989 年 12 月 8 日之前的专业过错行为而受到指控，但诉讼在保险期间内提出。这样，该索赔满足了上述"a"段落关于期内索赔制条款的要求，但未满足"b"段落的要求。保险人拒绝承担保险责任，理由是造成索赔的疏忽行为并未发生在 1989 年 12 月 8 日之后。

联邦巡回法庭认为，保险保障适用该案件。法庭指出，当两种保障要求用"或"结合起来时，只需要能够满足其中任何一个要求。法庭认为：

通常情况下，"和"以及"或"这两个连接词是不可互换的。相反，它们在英语语言结构中使用时，是为了完全不同的目的。"和"一词从严格意义上说是具有连接词性质，而"或"则具有反义连接词性质。这样，当它们的准确字面意义并没有使保单出现歧义时，伊利诺伊法庭就不认为这两个词是可以互换的。这些词的替换绝不能采用除非有充分的理由，而且这些词绝不能采用替换词的解释，除非上下文需要这种替换。……哈特福特安全保险公司制定该保险单。在整个条款中，安全保险公司使用"或"与"和"这两个词。保险人知道使用哪个词，何时使用它们。这样，安全保险公司在第ID3章中使用反义连接词"或"必须采用它的一般性含义——"或者"。

有时经常不明确，是否保单草拟者打算采用个别性（several）的"和"（A或B或两者）或共同性（joint）的"和"（A和B一起而不是个别）。考虑以下一般的董事和高管人员（D&O）责任保险条款中的承保协议：

"本保险单将赔偿董事和高管人员的损失……（This policy shall pay the loss of director and officer... ）。"

以上表述可能有两种解释：

——保险人将赔偿某人的损失，他是董事或高管人员或两者都是（The insurer shall pay the loss of a person who is a director, or an officer, or both a director and an officer）。

——保险人将赔偿某人的损失，他既是董事也是高管人员（The insurer shall pay the loss of a person who is both a director and an officer）。

有些D&O责任保险单采用以下条款：

"本保险单将赔偿每个董事和高管人员的损失（This policy shall pay the loss of each and every Director and Officer）。"

该"每个"短语可以解释为，保险保障适用于由每个董事和高管人员作为个人或作为董事会成员所遭受的损失。但是，该表述并未消除是否保险保障是共同的还是个别的歧义。

如果保险保障的目的是针对个别人的，该条款比较正确的表述方式为：

"保险人将赔偿任何董事或高管人员的损失 [The insurer shall pay the loss of any Director or（any）officer]。"

另外，如果保险保障是共同的（joint），该条款可以按照以下方式表述：

"保险人将赔偿既是董事也是高管人员的任何损失（The Insurer shall pay the loss of any person who is both a Director and an Officer）。"

考虑以下表述：

"保险人会赔偿在上诉时所判赔的保函和保证金费用（The Insurer shall pay the cost of a bond and a security deposit upon appeal）。"

该表述的可能解释为针对是各自的（several）——即当保函费用产生时，赔偿该费用的损失；保证金费用产生时，赔偿该保证金。这种解释是合理的。如果解释说，保险公司将赔偿保函费用而不是保证金，或者说保险公司将赔偿保证金而不是保函费用，那就不合情理了。另外，如果由保险公司制定保单条款，就采用作对保单草拟者不利解释的规则（contra proferentem）。这样，如果保险人仅赔偿保函费用而不是保证金，或者仅赔偿保证金而不是保函费用，他就未履行保险合同义务。

保单草拟者有时设法通过将强制性条款更改为许可性条款来解决是共同还是个别的歧义问题。

"保险人可以赔偿在上诉时所判赔的保函和保证金费用（The Insurer may pay the cost of a bond and a security deposit upon appeal）。"

但是，保单草拟者又造成新的歧义——这种自由决定可能与保函和保证金的选择无关，而是在赔偿或不赔偿之间作出选择。

二、包括或除外

共同性和个别性上的不明确也可能发生在使用连接词"或"的时候。"我不介意约翰或玛丽是否来。"这句话至少有两种不同的意思：

——"或"表示除外：说话的人愿意约翰或者玛丽来，但并不愿意他们两者都来。

——"或"表示包括：说话的人愿意约翰和玛丽都来。

当用连接词"或"将多种选择性保障连接起来的时候，类似的歧义也会发生。比如，在以下例子中，不明确是否保单草拟者打算采用包括性的"或"还是除外性的"或"。

"保险人将赔偿董事或高管人员的损失。"

为了消除这种歧义，我们可以重新以以下两种方式之一表述承保协议。一种是包括性的方式：

"（A）本保险单会赔偿任何被保险人的损失，他既是董事也是高管人员。"

另一种是除外方式：

"（B）本保险单会赔偿被保险人的损失，该被保险人是董事或高管人员或两者都是。"

在上述（B）例子中，短语表达了"董事或高管人员"的潜在累加含义；被保险人既可以是董事也可以是高管人员。

将词用"或"连接起来，它们之间有时可能相互排除。考虑以下例子：

"本保险单要赔偿由于保险期间或发现期内（如果适用的话）首次向董事或高管人员提起索赔而导致的损失。"

在该例子中，只有一种解释是合理的。索赔不能在两个不同的时候首次提出。因此，由于"首次提出索赔"有其明确的含义，因此无须区别"或"一词是包括性还是除外性的。

三、"和/或"这一结合/分离混合体

多年来，"和/或"这一结合/分离混合体（the hybrid "and/or" conjunction/disjunction）造成一些法律问题。在一个威斯康星州的案件中，大多数人的意见如下：

"显然，我们正面临着解释'和/或'一词的含义的任务。它是一个令

人迷惑、难以形容的词，是语言上的怪物。某人只有小孩的头脑，但又过于懒惰而不愿准确地表达自己的意思，或者过于愚钝以至于不知道自己所指的是什么。现在该词通常被许多律师用来草拟法律文件，而不是准确地表达其含义以促进客户的利益。"

"和/或"简单地将具有与单独使用"和"以及"或"相关的多种潜在歧义结合在一起。也就是说，"和/或"可以从共同、个别、包括或除外意义上予以解释，而不管责任解释，法庭的判决总会有利于被保险人，而不利于保单草拟者。大多数"和/或"一词的非计划中的解释可以通过简单的重新表述予以避免。保单草拟者可能选择说"A 或 B 或两者皆是"（A or B or both），而不是"A 和/或 B"（A and/or B）。

偶然情况下，可以看到在保险单中，保单草拟者设法通过使用"和/或"来表达两个以上可供选择的事物之间的关系。这种表达方式增加了条款中出现非计划中的含义的可能性。比如，看一看以下超额责任保险单中限额耗尽条款的表述（exhaustion-of-limits clause）：

"只有在适用的基础限额（underlying limits）全部由基础保险单的保险人、被保险人和/或 A 方保险人全部支付之后，与每个保单年度首次提出的索赔相关的保险损失的责任才由伞式保险人承担。"

如果上述引用的"和/或"短语按照在每两个付款方之间插入"和"的方式来解释，那么该条款会要求，保险损失分别由上述指明的每个保险人、被保险人和/或 A 方保险人赔偿——也就是说，在任何超额保障适用之前，要求在基础限额内赔偿三次。该条款的合理解释表明，基础限额必须由某些指明方的合并赔款耗尽，但是"和/或"这一短语并未传递这种想法。可以通过以下方式更好地表述：

"与每个保单年度首次提出的索赔相关的保险损失的责任，只有在适用的全部基础限额由以下一方或多方（by one or more of the following parties）

全部赔偿后，才由伞式保险人承担保险损失的责任：

（1）基础保险单的保险人；

（2）被保险人；

（3）A方保险人。"

四、特征或种类

如果清单上的以下表述不明确：即是否该清单列举了两种不同的种类，或某一种类存在两种不同的特征，句法歧义就会产生。考虑以下家主保险条款：

"本保险保障将以下情形除外：

1.……；

2. 机动车，除非该机动车与场所内提供的服务相关，以及（and）并未注册为道路使用。"

在一场火灾中，家主的一辆古董车被烧毁，该车并未注册为道路使用。保险人辩称，"以及"一词是并列连接词。根据这种解释，除外条款中的车辆不得不具有两种特征：一是车辆必须与场所服务相关；二是它们不能注册在道路上使用。被保险人反驳，"以及"一词是个别性的（several），因此保险单将两种可能存在区别的车辆中的每一种作为除外条款的例外：即提供场所服务的车辆以及非注册道路使用的车辆。根据这种解释，由于损坏的车辆属于这两类中的一种，被保险人应该获得保障。但是，法庭站在保险人一边。法庭认为，保单条款可以按照以下方式修改，哪种方式则取决于保险人或被保险人计划中的含义是什么：

"对保险人来说，条款可以改为：

本保险保障将以下情形除外：

1.……；

2. 机动车，除非该机动车既与场所内提供的服务相关，也未注册为道路使用。"

"对被保险人来说，条款可以改为：

本保险保障将以下情形除外：

1. ……；

2. 机动车，除非该机动车与场所内提供服务相关，或者未注册为道路使用，或者两者情况都有。"

我们在上述与"和/或"相关的案件中可以看到，包含两个以上事物的清单需要有不同的表述方式。比如：

"保险人不负责支付与被保险人提出的与以下索赔相关的赔款：

……

该索赔因被保险人作为非营利机构的董事和高管人员的过错行为所引起，如果该索赔是由非营利机构、非营利机构的董事或高管人员，或者非营利机构的证券持有人所提出的话。

(if such Claim is brought by the non-for-profit organization， a director or officer of the non-for-profit organization， or a security holder of the non-for-profit organization)"

在上述例子中，"或者"具有共同或个别的含义。从个别含义的角度看，该条款可以按照以下方式表述：

"……如果该索赔是由非营利机构或者非营利机构的董事或高管人员或者非营利机构的证券持有人所提出（ if such Claim is brought by the non-for-profit organization， or by a director or officer of the non-for-profit organization， or by a security holder of the non-for-profit organization)。"

从共同含义的角度看，该条款可以按照以下方式表述：

……前提是该索赔是由非营利机构、非营利机构的董事或高管人员和非营利机构的证券持有人之间任意两者或三者共同提出。

文框 11-1

过渡词

过渡词（transitions）能够帮助读者了解新的资料或信息如何与已经表达的概念相关。有时过渡词对明确所增加的信息的含义十分重要。

如果有新的信息	使用这些过渡词
继续前面的信息	in addition（另外；而且） also（另外；并且；也） moreover（再者；此外；而且） next（其次；接下去） furthermore（此外；而且；再者） too（也；还）
提供前面信息的例外	however（然而；但是；可是） although（尽管；虽然；但是） but（但是；而是；然而） Instead（用……代替……；（是……）而不是……；（用……）而不用……； except（除了；除非）
表达与前面材料的因果关系	arising out of（产生于） arising from（由……引起；起因于；产生于） as a result of（由于……的结果；由于） because（of）（因为；由于） consequently（因此；结果） therefore（因此；所以） thus（因此）
提供前面信息的例子	for example（例如） for instance（比如） that is（即；也就是说） such as（比如；诸如）

如果有新的信息	使用这些过渡词
否定前面的信息或与前面的信息相反	nevertheless（然而，不过）
	even if（即使；虽然）
	on the contrary（相反；反之）
	but（但是；而是；除了）
	however（无论如何；不管怎样）
	regardless（不管怎样，无论如何）
与前面的信息存在时间关系	before（在……以前；比……早些）
	after（在……之后）
	then（那时；然后；那么）
	subsequently（随后；其后；后来）
	earlier [早期（地），初期（地）]
	later（后来；稍后；随后）
	during（在……的期间）
	now（由于；既然；现在；如今）
	at any time（在任何时候；随时）
	as soon as（一……就……；一经）
	immediately（立即；立刻；一……就）
	prior to（在……之前）
	on or after（不早于；自……起）
构成前面或后面系列材料的一部分	first...second...third（第一……第二……第三……）
	finally（最后；终于）
	next（其次的；然后；下次）
作为前面或后面材料的前提条件	if...then（如果……那么）
	unless（除非；若非；除……之外）
	when（在那时；无论何时）
	as long as（只要）
	only if（只要……就；只是在……的时候；只有）
	provided that（如果；条件是；倘若）

第二节 修饰语

修饰语是一个词、短语或句子，用来修饰、限制其他词、短语或句子，或对其他词的属性予以确定。形容词、形容词短语、副词和副词短语，如以下短语中的斜体字，是最常使用的修饰语：

real property（不动产）

employment-related practice（与雇佣相关的实践）

wrongful act（过错行为）

motorized land vehicle（机动陆地车辆）

sudden and accidental injury（突然和意外伤害）

report immediately（立即报告）

principally garaged（主要存放在车库里）

used primarily for business purposes（主要用于营业目的）

措辞严密的保单语言明确表示哪一个修饰语描述哪一个词。

一、形容词和副词（Adjectives and Adverbs）

保单草拟过程中经常遇到的挑战是，明确是否特定的修饰语仅仅适用于一系列表述中的一个或所有的词汇。考虑以下条款：

"Ⅱ. Exclusions

（A）Unless the Insured Organization may be required or permitted by law to indemnify an Insured Person, the Insurer will not indemnify for loss from claims：

（1）brought about or contributed to by any dishonest or fraudulent act or omission or willful violation of any statute, rule or law by any Insured Person...

2. 除外条款

（A）除非法律可以要求或允许被保险机构对被保险个人予以补偿，否则保险人不会赔偿以下索赔的损失：

（1）这些索赔由被保险人个人的任何不诚实或欺诈性行为或遗漏或故意违反任何法律、法规或规则所造成或所促使……"

该除外条款中有些歧义。首先，不明确是否形容词"不诚实或欺诈"仅修饰"行为"或"行为或遗漏"或"故意违反"。避免这种混淆的技术是列表法（本章后面详细讨论），这是一种以分列的方式指出，单一词汇或短语修饰的是一系列要素中的哪一个——在上述例子中，指短语"不诚实或欺诈"：

"（1）brought about or contributed to by

（a）any dishonest or fraudulent act or omission, or

（b）any willful violation of any statute, rule or law...

（1）（损失索赔）由以下行为造成或导致：

（a）任何不诚实或欺诈行为或遗漏，或

（b）任何故意违反任何法律、法规或规则……"

该条款也不明确，是否短语"由任何被保险个人"修饰"故意违法或所有"这三种行为。这种不明确可以通过以下两种方法来消除：

修改方式一

（1）（损失索赔）由以下行为所造成或导致：

（a）任何不诚实或欺诈行为或遗漏，或

（b）任何被保险个人故意违反任何法律、法规或规则……

修改方式二

（1）（损失索赔）由以下行为所造成或导致：

（a）任何被保险个人的任何不诚实或欺诈行为或遗漏，或

（b）任何被保险个人的故意违反任何法律、法规或规则……"

关于"身体伤害"一词的定义是否仅适用于针对情感抑郁索赔上的法庭判决引起保险业的不少议论。保险单中"身体伤害"的定义是："身体伤害或疾病（bodily injury, sickness or disease）。"保险人辩称，"情感抑郁但未伴有一些身体上状况不属于该定义范围，因此是不承保的"。法庭拒绝这种辩解，因为"身体"一词可以合理地解释为仅修饰"伤害"而不是"疾病"。根据这种推理，法庭认为，情感抑郁本身可以在保险单项下作为"身体伤害"看待。

但是，法庭所接受的这种解释仍然必须是合理的。比如，在针对被保险人的原诉讼案件中，被保险人被指控故意造成他人精神痛苦。责任险保单的"个人伤害"定义包括诽谤（libel, slander），"恶意指控"和"羞辱"（malicious prosecution and humiliation）。被保险人声称，在"指控和羞辱"之间没有逗号，这样可能读起来也指"恶意羞辱"，而"恶意羞辱"等同于施加精神伤害。法庭拒绝接受被保险人的辩解，认为将"恶意"一词修饰"羞辱"而导致出现"恶意羞辱"这种不知名的侵权行为是不合理的。

在另一个类似的案件中，承包商与分包商达成口头协议，后者在分包商普通责任保险单项下向前者提供被保险人身份。承包商的保险单通过批单向以"书面合同方式"要求其提供额外被保险人身份的一方提供该身份。分包商的保险人拒绝后来针对承包商的索赔，理由是承包商并不是额外被保险人，因为提供被保险人身份的要求是口头而不是书面的。承包商辩称，该短语"书面合同或协议"，这是指书面合同及不管是书面还是口头的任何协议，因为修饰语"书面"仅适用于它的下一个词——"合同"。法庭拒绝了这种辩解，认为：

"分包商保险条款唯一合理的解释是，'额外被保险人'仅包括在索赔发生之前那些收到被保险人以书面合同、协议或其他准许的方式承诺提供保保障的个人或机构，认为合同……必须是书面的，而协议则不必，这是不合理的。"

尽管大多数法庭解释"书面合同"或"协议"时将形容词"书面"与"合同"和"协议"联系起来，有些保险人采取预防措施，按照以下方式重新表述保险条款：

"'谁是被保险人'一章作一修改，使得被保险人包括任何个人或机构，他们在书面合同或书面协议项下要求增加作为保险单项下的额外被保险人。"

二、作为形容词或副词的短语或子句

将修饰语靠近打算修饰的词，在草拟保单语言时是一种必须遵守的重要规则。如同我们所看到的那样，法庭可以拒绝认定形容词用来修饰系列名词中的每一个名词，理由是该形容词仅与这些名词中一个相邻（见上述讨论的"身体伤害或疾病"及"书面合同或协议"例子）。

当整个短语或子句被勉强置于句子当中时就会出现更大的问题。比如，考虑以下保单条款：

"The Insurer will not be liable for a claim in California arising out of damage or destruction of property by earthquake（保险人不负责由于地震对财产造成的毁坏或损坏导致在加州提出的索赔）。"

根据"在加州"一词的位置，它应当修饰的是"索赔"一词。但是，是否"在加州"一词也可以修饰"由于地震对财产造成的毁坏或损坏"？该除外条款针对的是索赔可以提出的管辖权范围，还是对损坏财产的地点作出限制？

许多英语语法书本都指出，这种问题可以通过改变修饰语在句子中位置来解决。如以下所作的修改：

"The Insurer will not be liable for a claim arising out of damage or destruction of property in California by earthquake（保险人不负责由于地震对加州财产的毁坏或损坏所引起的索赔）。"

改变修饰语的位置并不足以解决类似上述的混淆问题。比如，考虑以下在一些商业普通责任保险单个人和广告伤害承保协议中的，"在宣传你的商品、产品或服务过程中"这一修饰性条款。

"This insurance applies to...'advertising injury' caused by an offense committed in the course of advertising your goods, products or services（本保险适用于在宣传你的商品、产品或服务过程中的违法行为造成的'广告伤害'）。"

根据加州法律，被保险人雇用了一位雇员，后者被指控盗用前雇主的包括客户清单、现有订单和其他客户信息在内的专有信息。被保险人在其广告活动中使用该专有信息，并被其雇员的前雇主所指控。

保险单对"广告伤害"一词的定义包括"盗用广告创意或经营风格"。法庭认为，盗用专有信息满足"广告伤害"的定义要求。由于违法行为是在广告过程中实施的，法庭认为保险人有义务为被保险人提供抗辩。即使"广告伤害"并未发生在"宣传你的商品、产品或服务过程中"，保险责任依然适用。

要重新表述该定义，使得该短语"在宣传你的商品、产品或服务过程中"能够修饰"广告伤害"和"违法行为"，就可以消除歧义。但是这种措施不能仅仅通过将修饰语从一个地方移到另一个地方来实现。

三、介词（Prepositions）

介词也是一种连接词，它与名词相连以表达在该名词与其他名词或名词短语之间存在的临时性、空间上的或因果关系。保险单中经常使用的介词和介词短语包括 to、for、before、after、with、without 和 because of。由于介词在表示类似事件的时间顺序以及由于其他事件或原因导致某些事件的发生上是不可缺少的，它们的正确使用在避免保单语言出现纠纷上是十分重要的。

考虑将政府机构的索赔除外（a claim from government agency）的 D&O 保险单。通过使用介词 from 而不是 by，保单草拟者造成该表述存在不同的解释。该表述可以有以下几种意思：

——由政府机构提出的索赔，或

——任何人依据政府机构制定的管理规定提出的索赔，或

——任何人代表政府机构提出的索赔。

许多保单歧义主要是因为未能在介词短语中指明行为实施者而造成。比如，在以下案例中，董事和高管人员责任保险单将以下索赔除外：

"基于或由于推介或销售公司债券或代表公司发行的债券（based upon or arising out of the offering or sale of securities of the company or securities issued on behalf of the company）。"

保险人辩称，该表述是指任何人销售公司债券。被保险人则认为，该除外条款仅适用于公司、其董事或高管人员。法庭在解决该双重含义的问题上支持保险人的观点。

有时介词周围的词汇会造成歧义。考虑以下所有人和承包商保护责任保险单（owners and contractors protective liability insurance policy）的部分承保协议：

"本保险适用于由于以下原因引起的'身体伤害'或'财产损失'：

（1）由承包商在声明中所载的地点为你所从事的运作；或……"

如果所指定的"承包商"是总承包商，而责任是由于分包商的运作引起，保险人会辩称，被保险人没有保险保障。保险人会声称，所有人和总承包商对归咎于它们的责任不在保险单项下承保，因为是分包商的行为或遗漏造成

了责任，而分包商并不是"承包商"。

但是，"由承包商从事的运作"这一短语存在歧义。要注意的是，该条款并未说"承包商的行为或遗漏"或"承包商从事的工作"。"由承包商从事的运作"有理由被认为是指雇用分包商，再由分包商代表承保商从事工作。根据这一点，保险单保护的是指明被保险所有人由于分包商从事的工作而承担的替代责任。许多保险合同通过提及"由承包商或代表承包商（by or on behalf）从事的运作"来明确这一保障范围。

第三节 标点符号

在一般合同法中，只有当其他合同结构规则无法解决合同歧义时才会诉诸于标点符号规则。标点符号（punctuation）服从于词汇、语法及句法，不能让标点符号控制由词汇和词汇之间的相互关系所表达的合同意思。

在1899年的福尔摩斯诉凤凰保险公司案件中（Holmes v. Phoenix Ins. Co., 1988），法庭认为，合同中的词汇而不是标点符号是合同解释的控制性指引。标点符号并不是英语语言的一部分……它们总是服从合同内容，而且绝不能让它们控制合同的含义。法庭严格执行合同条款，根据合同表述确定其含义，而且在根据合同词汇安排的基础上确定合同含义之后再解释合同，而不考虑标点符号是怎么使用，或者是否缺少标点符号。合同的含义根据其词汇以及词汇间的关系来确定，在确定其含义后，可以用标点符号对句子、段落或文章进行划分，是词汇控制标点符号，而不是标点符号控制词汇。

不过，在解决或造成句法混乱上，标点符号有时对句法产生影响。

比如，在1997年的美国国家火灾保险公司诉罗斯·阿克斯农场案件中（American Nat'l Fire Ins. Co. v. Rose Acre Farm, 1997），伞式责任保险人表示，其签发的保险单并不承保被保险人在保单签发后购买的飞机发生碰撞事故造成乘客的死亡。保险单的除外条款表明：

"除了基础保险（underlying insurance）向被保险人提供的保障之外，本保险不适用于以下保障：

由于拥有、维护、经营、使用、装卸飞机，如果该飞机在无驾驶员或乘务人员的情况下由被保险人或代表被保险人拥有或租用（c.Injury arising out of the ownership, maintenance, operation, use, loading or unloading of an aircraft, if such aircraft is owned or hired without pilot or crew by or on behalf of the Insured）。"

保险人认为，该条款明确地将在由被保险人拥有飞机，或代表被保险人在不带驾驶员或乘务人员租借飞机情况下，由于拥有、维护、经营、使用、装卸飞机造成的伤害除外；被保险人虽然同意该除外条款意思明确，但他认为，该条款指的是"由被保险人或代表被保险人在不带驾驶员或乘务人员的情况下拥有，或者在不带驾驶员或乘务人员的情况下租借飞机"。法庭接受被保险人的解释并认为：

"在这一点上，我们意识到这是一个小学英语上的问题。保险单所使用的'拥有或租借'这一短语是一种复合谓语（两个动词由'或'一词连接），类似任何'介词性副词短语'，'无驾驶员或乘务员'这一短语同样修饰该复合谓语中的每一个动词——拥有或租借。

……

"对保险人有益的做法是，在'拥有'一词后插入一逗号（即 if such aircraft is owned, or hired without pilot or crew by or on behalf of the Insured）。法庭在另一个案件中指出，'一般规则是，当一个连接词连接两个并列条款或短语时，如果要避免后面的修饰性短语修饰该连接词前面的短语，在连接词之前应当插入一逗号'。就本保险单而言，加了逗号可以避免副词短语'无驾驶员或乘务员'被用来修饰复合谓语中的所有动词——拥有或租借。但是,由于本保险合同未采用该逗号,在解释本保险合同时,我们不能用无歧义的语言重新表述,因此只能在无逗号的情况下解释该保险单。"

这样,如果该条按照以下方式描述,法庭的解释又有所不同:

"if such aircraft is owned or hired, with or without pilot or crew（如果飞机在带有飞行员或不带有飞行员的情况下拥有或租借）。"

一、逗号（Commas）

逗号是最经常在句子中使用的标点符号,与其他标点符号相比,逗号的使用会带来更多的问题。从20世纪以来,一般书面表述的趋势是少使用标点符号。但是,法庭在对待合同条款上并不认可这种趋势。

有时,逗号在确定句子含义时至关重要。多数由于标点符号引起的诉讼争议所涉及的问题是,是否使用或不使用逗号对句子产生限制性（restrictive）或非限制性（nonrestrictive）作用。考虑以下两个条款:

"采用水泥屋顶的财产保障受10 000美元的免赔额限制（Coverage on properties that have a concrete roof is subject to a $10 000 deductible）。

如果采用水泥屋顶的话,财产保障受10 000美元的免赔额限制（Coverage on properties, that have a concrete roof, is subject to a $10 000 deductible）。"

第一个句子中,"采用水泥屋顶"是一个限制性（或必要的）定语从句条款。该从句对财产作出限定,即它是采用水泥的屋顶,受10 000美元的免赔额限制。它对采用水泥的屋顶和未采用水泥的屋顶进行区别。但是在第二个句子中,"采用水泥屋顶"是非限制性（非必要的）定语从句,它给财产增加了信息,但它并未限制免赔额的使用。该条款在是否不采用水泥屋顶的财产受10 000美元免赔额限制上存在疑义。

如果条款是非限制性的,也可以采用以下括号方式表述:

"Coverage on properties（that have a concrete roof）is subject to a $10 000 deductible [（采用水泥屋顶的）财产保障受 10 000 美元的免赔额限制]。"

限制性和非限制性条款的区别可以在一个针对家主的个人伤害索赔案件中体现，它说明了正确地使用逗号是多么重要。一位家主被邻居起诉，邻居指控他在建造海滩住宅时，未能遵守《建筑法》中的"后移条例"（setback ordinance）的规定（土地和资源管理法中的条例，它规定了建筑物或其他结构必须从街道或道路、河流或其他流水、岸或洪泛平原及其他任何被认为需要保护的地方后移一定的距离）。家主保险人根据以下"个人伤害"（personal injury）的保单定义拒绝赔偿：

"Injury, including bodily or mental harm arising out of any of the following acts（伤害，包括由于以下任何行为引起的身体或精神伤害）："

随后，保险单列出了八种个人伤害违法行为。

法庭判决，所列出的违法行为并不限制个人伤害保障范围，它只不过提供个人伤害行为的一些例子。法庭通过对上述保单语言和另一个标准 CGL 保险单中"个人伤害"一词的定义的比较来强调这一点。CGL 保险单定义包括第二个重要的逗号：

"Injury, including bodily or mental harm, arising out of any of the following acts（伤害，包括身体或精神伤害，由于以下任何行为引起）：

由于 CGL 保单定义的第二个逗号将"包括身体或精神伤害"（including bodily or mental harm）分开作为非限制性条款，它能够从句子中取出而不影响句子的含义。该定义实际上可以读为"由于以下任何行为引起的伤害（injury arising out of any of the following acts）。"

在上述家主保险单案件中，由于没有第二个逗号，"由于以下任何行为"（arising out of any of the following acts）修饰的是"身体或精神伤害"

(bodily or mental harm)，"包括由于以下任何行为引起的身体或精神伤害"(including bodily or mental harm arising out of any of the following acts）同样可以取出，最终使得"个人伤害"(personal injury）的定义为"伤害"(injury）。

在系列事物之间使用逗号也存在潜在的问题。虽然有些作者感到，在系列事物中省去最后一个逗号是可接受的，但这在保险合同草拟中是一种不太安全的做法。省去最后一个逗号可能会造成歧义。

"This policy does not apply to stock, office equipment and office supplies at location 1 and location 2（该保险单并不适用于场所1和场所2中的库存、办公设备和办公用品）。"

是否该除外条款适用于场所1和场所2的所有三类财产？是否它适用于所有库存和办公设备但仅适用于场所1和场所2的办公用品？如果是后者，条款应当按以下方式表述：

"This policy does not apply to stock or office equipment, or to office supplies at location 1 and location 2（该保险单并不适用于库存和办公设备，或场所1和场所2的办公用品）。"

在系列物品中插入最后一个逗号（即在系列物品中最后两个之间插入逗号）改变了句子的含义。比如，在一个财产保险案件中，保险单承保：

"被保险人的财产，被保险人同意在运输、装车和临时存放在安装地点过程中安装、抬高、下降或定位的他人的财产（the property of the assured, the property of others which the assured has agreed to install, hoist, lower or set in motion, while in transit, during loading and while temporarily located where such property is to be installed）。"

法庭认为，保险责任适用于被保险人财产的灭失或损坏而不作任何限制，因为有一个逗号将"被保险人的财产"(the property of the assured）和"他人的财产"(the property of others）区分开来。而且在"他人财产"后面也没有逗号。该条款的剩下部分仅修饰他人而不是被保险人的财产。

二、其他标点符号

分号的两种主要作用是：（1）将两个独立的条款分开；（2）将系列短语分开，该系列短语本身带有逗号。

如果两个独立的条款关系密切，采用分号而不是句号比较合适。比如：

"This insurance does not apply to any claim arising out of any dishonest act by the insured; however, this exclusion does not apply unless an adjudication adverse to the insured established deliberate dishonesty（本保险不适用于被保险人不诚实行为所导致的索赔；但是，如果对被保险人不利的判决并未确定被保险人有故意行为，本除外条款则不适用）。"

另外，如果采用了合适的过渡性词或短语，可以在分开的句子中表达两种密切相关的想法。在上述例子中，用过渡词"但是"开始一个新的句子，可以提高该条款的可读性（通过缩短句子的长度）而不会改变它的含义。

第四节　列表

如果一份文件或文件中的一章内容过于繁杂而不容易理解，其句法应当认为是有问题的。条款是否存在句法歧义以及是否存在其他句子结构问题的一种检测技术是列表。

句子采用列表结构是避免句法歧义的一种最有效的方法。通过列表，句子中的部分内容以标签缩进的方式印制出来，以明确表示这些内容之间的关系。列表句子结构将混合和系列内容缩进排版，以解决潜在的歧义问题或特别进行强调。以下句子存在歧义，但可以用列表方式予以修改。

"精神科服务只有在由提供综合精神健康服务的团体实习机构、医院、社区精神健康服务中心提供的情况下才予以承保（Psychiatric service is covered only if it is furnished by a group practice organization, by a hospital, or by a community mental health service centre that furnishes comprehensive mental health services）。"

该句子不明确的地方是，定语从句"提供综合精神健康服务"修饰的是什么。是否仅要求社区精神健康服务中心提供综合健康服务？或者是否该要求也适用于团体实习机构以及医院？该条款可以按照以下两种方式列表，取决于本意是什么。

"精神科服务只有由以下机构提供时才予以承保：

（a）团体实习机构；

（b）医院；或

（c）提供综合精神健康服务的社区精神健康服务中心。"

"（Psychiatric service is covered only if it is furnished by

（a）a group practice organization

（b）a hospital, or

（c）a community mental health centre that provides comprehensive mental health services）"

按照这种列表方式，该句子明确要求社区精神服务中心提供综合精神健康服务。它免除了对团体实习机构和医院的这一要求。

或者：

"精神科服务只有由以下机构提供时才予以承保：

（a）团体实习机构；

（b）医院；或

（c）社区精神健康服务中心

它们都提供综合精神健康服务。

(Psychiatric service is covered only if it is furnished by

(a) a group practice organization

(b) a hospital, or

(c) a community mental health centre that provides comprehensive mental health services

that furnished comprehensive mental health services.)"

按照这种方式表述,该条款明确要求,所有这三种机构都要提供综合精神健康服务。

如本章前面所讨论的,连词"和"和"或"会有以下不同的解释:

"1. '和'意指'个别的':A 和 B,共同而且是个别地

2. '和'意指'共同的':A 和 B,共同但不是个别地

3. '或'意指'包括的':A 或 B,或两者皆是

4. '或'意指'除外的':A 或 B,但非两者皆是

(1. the several 'and': A and B, jointly and severally

2. the joint 'and': A and B, jointly but not severally

3. the inclusive 'or': A or B, or both

4. the exclusive 'or': A or B, but not both)"

列表式句子结构强调是否列表项目是连接性的(conjunctive)、分离性的(disjunctive)、除外性的(exclusive)或非除外性的(nonexclusive)。比如,在以上精神科服务条款的第一个例句中,仅将"提供综合精神健康服务"作为"社区精神服务中心"的定语从句,排除了另外两种医疗机构提供综合精神健康服务的要求;在第二个例句中,把"提供综合精神健康服务"单列出来,作为所有三种医疗机构的定语从句,将除了社区精神服务中心之外的其他两种医疗机构都包含在提供综合精神健康服务要求的范围内。

第十二章 上下文歧义

合同解释的中心原则之一是,在可能的情况下,合同(如保险合同)按照使其每一部分都有效的方式阅读。即使不同部分的合同条款看来相互冲突或相互矛盾,法庭会设法找到一种解释方式,使每个条款都具有某些合理的含义。

该原则体现在许多州的成文法中。比如,加州民法做了以下规定:

"整个合同必须合并起来阅读,如果合理可行的话,使其每一个部分都有效,每一个条款都有助于解释其他条款。"

该原则要求保单草拟者承担义务以确定,其保险单的各种条款(特别是那些在保险单不同部分的条款)都能够合并起来阅读,使条款之间具有逻辑和连贯的含义。当保单草拟者未能对该原则特别引起注意时,就会出现上下文歧义——很难使保险单不同部分的条款相互协调。

前后顺序的两个句子存在冲突也会造成歧义。如果将相互矛盾的短语放在一起,这种冲突还容易被发现,但在保险合同这样冗长和复杂的文件中,相隔较远的条款之间的歧义就不容易被发现,要识别看似不相干条款之间的冲突是很难的。上下文歧义经常仅在损失发生后才被发现。比如,航空责任保险单承保任何乘客,但又将其同居配偶除外。法庭认为,保险单在是否承保索赔人既是乘客又是同居配偶上存在歧义。在另一个案件中,家主保单条款是这样描述的:

"如果被保险人故意隐瞒或误告重要事实或情况,实施欺诈行为,或者作出与保险相关的虚假陈述,不管发生在损失之前或之后,我们都不予承保。"

但是,保险单中的另一个条款却允许保险人在通知被保险人 45 天后解除保险合同。被保险人被指控在保单起始日后实施与该保险相关的欺诈行为。法庭认为,45 天解除合同通知条款限制了保单持有者欺诈时的终止保障方式,并对上述自动无保障条款作了修改。法庭的解释是,保险单依然提供保障,因为保险人并未实施 45 天保单解除权利。

第一节 上下文歧义的来源

保险单上下文歧义的原因既有合理也有荒谬的。在后一类中,涉及的是非定制保险批单与保单条款存在着明显的冲突。在一个案件诉讼中,在空难事故中丧命的乘客的财产(the estate of a passenger)起诉拥有该飞机的大学。承保该大学飞机的责任保险单声明页载明,该保险单提供每次事故 1 000 000 美元的责任保障。另外通过批单又将由于使用飞机(不包括坠机事故中的飞机)引起的责任保障限于 100 000 美元。还有另一个批单则将对乘客的责任完全除外。法庭选择执行向大学提供最高保障金额的条款。

如果保险责任的表述(如承保协议的表述)不正确,它可能与除外条款和其他保障限制条款产生冲突,除非采取措施解释这两个冲突的条款是如何相互作用的。考虑以下两个例子:财产保险单有两个条款与以重置价值为基础的保障相关。其中一个条款规定,如果在发生损失时,保险金额是实际重置价值的 80% 以上,保险人会赔偿修理或重置费用而不扣除免赔额。根据第二个条款,是否采用重置价值保障条款取决于是否重置工作在损失发生后 180 天内开始。法庭发现这两个条款是矛盾的,因此认为保险人支付重置费用的义务并不受重置工作在损失发生后 180 天内开始这一条件的限制。如果将这两个条款都放在单一的足额保险（insurance-to-value）条件中，就可以避免这两个条款放在保单不同部分所产生的歧义。

并不是所有的歧义都会像以上由于两个条款表面不兼容而引起。人们发现，如果多个保单条款无法合理地兼容，不管任何原因都足以使法庭作出其中一个条款可以完全无效的结论。在1997年哥伦比亚地区巡回法庭审理的索萨诉科尔维克案件中（Souza v. Corvick，District of Columbia Circuit，1997），修建位于保单持有者财产附近的排水沟造成其房屋塌陷。房屋财产一切险将由于"塌陷、开裂、收缩……和地层移动造成的房屋损失除外，除非接着发生由于爆炸、火灾、烟熏或玻璃开裂造成损失"。保险人对该除外条款的解释是，房屋塌陷造成的损失是除外的，除非随后发生火灾、烟熏、爆炸或玻璃开裂。法庭认为，根据韦氏词典的定义，房屋"坍塌"应当解释为由于地面条件所导致的房屋结构的逐渐下沉。如果该"除非"条款仅指在爆炸、火灾、烟熏或玻璃开裂后（造成）坍塌，那么该条款毫无意义，因为这些事件不太可能造成房屋塌陷。法庭拒绝接受保险人的解释，认为假定地层移动可能因烟熏造成是荒谬的。被保险人的解释是，保险单不承保塌陷而是承保由于火灾、烟熏、爆炸或随后发生的玻璃开裂造成的损失。根据这种解释，由于火灾、烟熏、爆炸，或玻璃开裂并未造成房屋塌陷，因此塌陷造成的损失是承保的。尽管后一种解释有些牵强附会，但是至少不荒谬。因此，法庭认为该除外条款有歧义并拒绝了保险公司的主张而支持保单持有者的解释。

用其他名称表示的除外条款

上下文歧义的一种经常性原因是在保险单除外条款一章之外的其他章节中另有其他除外条款。保险人完全意识到将保障条款作为除外条款或其他条款（如定义或条件）来表述对保单解释所带来的影响。将被保险人预

第十二章
上下文歧义

期或故意造成人身伤害或财产损失的保障除外的普通责任保险条款，曾经被作为"事故发生"定义的一部分，该定义是触发保险责任的必要条件之一。作为承保协议的一部分，"事故发生"一词要求被保险人证实人身伤害或财产损失是非故意和非预期的。商业普通责任保险单（CGL）于1986年重新制定，在"事故发生"定义中将非故意和非预期的要求剔除，而将它作为保单除外条款的一部分。作为除外条款，它规定，如果保险人拒绝赔偿，他就必须承担举证义务，以表明人身伤害或财产损失是被保险人预期或故意的。

任何种类的保单条款都应当放在保险单中最能够显示其对保险保障产生影响的位置上。这就意味着，将责任免除条款称为"除外条款"。在1975年的马里兰州损害保险公司诉特纳案件中（Maryland Cas. v. Turner, 1975），联邦地区法院发现，保险单中的一个条款存在歧义，因为该条款规定，在运作合资企业上，任何人都无资格作为被保险人。法庭认为，保单草拟者将一个除外条款插入"被保险人"这一保单定义中，使该条款出现歧义而且存在潜在的误导性。法庭因此拒绝强制执行对合资企业运营的保障限制。保险单和批单执行条款的表述并不是唯一可能存在冲突的地方。有些问题经常因为保险单其他部分如声明页的内容差错造成。通过以下几个确定保单持有者在"毯式"保险单项下是否拥有保险保障的案例来说明这个问题：

——在1963年的信赖保险公司诉奥尔良教区学校董事会案件中（Reliance Ins. Co. v. Orleans Parish Sch. Bd., 1963），财产保险单有一个名为"学校地区—毯式"的附表。该保险单最初承保大约250项财产。在发生有争议的损失时，有超过40份批单显示财产项目以及相应的保险金额的增加和减少。保险人辩称，体现批单上每项财产的价值表明了保险人提供的是特定而不是毯式保障的意图。法庭不同意保险人的辩解，认为毯式限额的这一特点在各类保险单中广泛应用。法庭认为,批单上显示的,由学校地区为了获得保险人的保险报价所提供的财产金额是一种无关紧要的证据,它无法表明该保险单提供的是特定财产而不是毯式财产保障。

——在1996年纽约的一般明星补偿保险公司诉定制版装潢公司案件中(General Star Indem. Co. v. Custom Editions Upholstery Corp., 1996),企业财产保险保单声明页载明的"内物"保障限额300 000美元。保单的另一个条款则表述如下:

"您可以扩展以下适用于企业个人财产的保险责任:

(2)在您照看、监管或控制下的他人的个人财产。

在该扩展保障项下,我们将为每个指明场所内的灭失或损坏最多支付2 500美元赔偿金。我们仅向财产所有人支付他人个人财产灭失或损坏赔偿金。

"有几个非指名财产所有人辩称,这2 500美元的限额不可执行,理由是保单声明页对他人个人财产保障限额的表述有歧义。法庭同意这些财产所有人的观点,认为保险单定义的'他人个人财产'保障与'企业个人财产'保障的合并限额是300 000美元,而不是每个场所2 500美元限额。"

第二节 解决上下文歧义的原则

如果出现上下文歧义,法庭会采用某种解释原则以指导如何在两种相互矛盾的含义中作出选择。这些原则不是有法律约束力的规则,它们是一些惯例,某种原则在某种情况下可以采用也可以不采用。法庭在解决上下文歧义时并不一定采用这些原则,它们会找出一种方法来使所有的保单条款有效,这些方法包括:

——词汇或特定条款的含义受合同主要目的控制。

——操作性语言优于批单或其他条款的名称（Operative language wins out the title of an endorsement or other clause）。

——如果能够合理地实现条款协调的结果，条款之间才会协调。

——特定的条款优先于一般性条款。

——手写条款优于打印条款，打印条款优于事先印制好的条款。

——如果在投保书和保险单之间存在无法协调的冲突，以保单表述为准。

——从时间上算，后来执行的条款优先于先前执行的条款。

——合同条款作不利于草拟人的解释。

——不明确的合同条款是不能执行的。

一、协调性条款

法庭会假设，所有的合同表述都是事先想好的，合同双方要使每个条款能产生效力。因此，合同解释的一个原则是促进合同条款相互协调，前提是如何在合理的范围内实现这一目的。

如果法庭发现批单的表述无法完全覆盖保险单保障部分的表述，那么保险单的部分保障条款依然保留下来。比如，考虑以下标准CGL保险单第五章标题为"商业普通责任条件"条款：

"2. 发生事故、违法行为、索赔或诉讼时的义务

a. 您必须注意尽可能快地通知我们导致索赔的'事故发生'或违法事件。通知应当尽可能地包括：

（1）'事故发生'或违法事件如何、何时以及哪里发生；

（2）任何伤者和目击者的姓名和地址；以及

（3）由于'事故发生'或违法事件引起的任何人身伤害或财产损失的性质和地址。

b. 如果向被保险人提出索赔或提起诉讼，您必须……注意，我们能够尽可能快地收到索赔或诉讼通知。

……

c. 您或其他被保险人必须：

（1）立即向我们提交所收到的与索赔或诉讼相关的任何书面要求、通知、传票或法律文书；……"

根据该条款，任何指明被保险人的雇员或其他代理人，或者在上述 c 项下的任何其他被保险人得知上述情况，被认为是指明被保险人得知该情况。有许多营业场所或许多雇员的公司的雇员可能不知道雇主向保险公司提供通知的义务。为了解决这一问题，签发给大型被保险机构的 CGL 保险单通常含有以下批单条款：

"知道事故发生

合同双方理解并同意，被保险人的代理人、服务人员或雇员知道事故发生（knowledge of occurrence）本身并不构成被保险人的知道，除非被保险公司的保险部门或高管人员从该代理人、服务人员或雇员那里收到这类索赔的书面通知。"

该条款的目的是，由于得知相关信息的低层次的雇员不知道怎么处理该信息，违反保单通知条件这一规定则不适用。

该批单的一种限制是，它仅适用于"事故发生"的情况下。实际上，CGL 保险单对通知有不同要求，取决于是否所得知的信息与"事故发生"、违法行为、索赔或起诉相关。

1997 年的美国皇家保险公司诉加图公司案件（Royal Insurance Company of America v. The Cato Corporation， 1997）涉及是否上述批单可以解除被保险人立即向保险人提供诉讼文件复印件的义务。

1993 年 1 月，季诺碧亚·赫特太太在弗吉尼亚州的塔兹韦尔县巡回法院向加图公司提起诉讼，声称自己受到错误监禁以及恶意指控。加图公司的副总裁于1993年9月28日收到了传票以及赫特太太的诉状复印件。被告加图公司并未对赫特的投诉书作出答复。1993年11月24日，初审法院作出缺席审判，判加图公司赔偿赫特太太500 000美元。1993年12月28日，赫特太太在弗吉尼亚的律师将法庭判决书转交给加图公司在北卡罗莱纳州夏洛特市的加图公司总裁。

1993年12月29日，皇家保险从加图公司收到普通责任事故发生/索赔通知以及法庭对赫特太太案件的判决文书复印件，但直到第二天才收到赫特太太的诉状复印件。1993年12月30日，保险公司初步决定拒绝承担保险责任，因为加图公司未能按照保险单第五章条件（2）的规定立即将法庭传票和赫特太太诉状复印件提交给保险公司。加图公司威胁要起诉保险公司，后者先告到法庭，请法庭对自己是否有义务对加图公司在保险单项下提供补偿作出判决。加图公司则提起反诉，声称保险公司违反保单约定拒绝赔偿法庭的判决赔款，违反公平交易义务以及极不诚信。但初审法庭判加图公司败诉，后者因此提起上诉。

加图公司辩称，"知道事故发生"（knowledge of occurrence）批单条款修改了保险单第五章条件（2），因此批单要求加图公司在其执行官或保险部向保险公司提交索赔文件之前必须先收到书面索赔通知。加图公司进一步辩称，它在1993年12月28日已经及时将赫特太太的索赔案件通知保险公司，而同一天公司执行官才收到赫特太太案件的判决通知书。皇家保险则辩称，"知道事故发生"批单对保险单第五章条件（2）不产生影响。根据该条件（2），加图公司有义务立即将诉讼文件提交给保险公司。而该公司的副总裁1993年9月28日就收到法庭传票赫特太太的诉状，但未立即提交给保险公司，导致遭到缺席审判。加图公司违反了保单项下义务，也因此解除了保险人对加图公司赔偿赫特太太的补偿义务。

因此法庭拒绝了加图公司关于"知道事故发生"批单修改保险单第五章条件（2）c 的辩解，即加图公司的执行官或保险部在拿到诉讼文件之前没有义务将该文件提交给保险人。根据该批单表述，"知道事故发生"批单仅针对被保险人对造成诉讼的基础事故（underlying occurrence）的通知，并指定公司保险部和执行官作为那些人，他们知道事故发生才触发加图公司向保险公司报告该事故的义务。加图公司并未按照保单条件（2）c 规定立即将诉讼文件提交给保险人，该义务与加图公司在保单项下将"事故发生"通知保险人的义务有所区别。法庭的结论是，"知道事故通知"批单针对的仅是保单条件 2(a) 关于通知"事故发生"的义务，它并未修改保险单第五章条件 2(c) 关于立即提交诉讼文件的约定。既然如此，加图公司违反了保险单条件 2(c) 的约定，保险人无义务对其责任损失进行补偿。

由于该判决，保险服务局（ISO）增加了以下通知条件条款，即"通知事故发生并不是通知索赔（Notice of occurrence is not notice of claim）"。

二、特定条款优先于一般条款

如果法庭不可能在不同的条款之间解决上下文歧义问题，那么它将选择更能实现合同主要目的的条款。由于合同的目的是实现对风险的承保，因此该规则对被保险人更有利——即有利于向被保险人提供保障。但是，如果一个条款在承保损失上更加特定，该特定条款通常优先考虑。比如，财产一切险保单包括对由于建筑条例的原因所造成的损失保障，但要扣除等同于能够从州风暴保险协会获得的最高保障限额的免赔额。该协会的基础保险单将建筑条例损失除外。在一切险保单和协会保单赔偿限额之上的超额层保险单（excess layer policy）跟随前面两份保险单的条款和条件。一旦飓风对财产造成严重的损失，超额层保险人会辩称，他的保险单不承保由于建筑条例的原因造成的损失，因为州风暴保险协会的保单条款比一切险保单的一般性条款更为特定。

不同的保单条款应当明确地区别开来。考虑以下案例。政府命令被保险人清理被污染的场所。环境损害责任（Environmental Impairment Liability）保险单承保"财产损失"责任索赔，但将"清理费用"保障除外。于是保险单规定了有限的政府命令的清理费用保障。被保险人辩称，其清理费用应当在"财产损失"责任限额内承保。法庭拒绝了这种解释，认为：

"作出清理费用保障是'财产损失'定义中所预期的这种结论忽略了清理费用、财产损失和身体伤害是三种不同种类的保险事故，不能将清理费用包括在'财产损失'中。"

三、剪贴（Cut and Paste）

还有一种涉及上下文歧义的诉因是一种常见也是危险的做法称为"剪贴"。

很少保单草拟者在根本没用模板的情况下开始设计保险单。比如，核保人可能不满意最常见和最广泛使用的珠宝流动保障附表（jewelry floater forms）中的保险责任条款，但并不是该附表的所有内容都有缺陷。因此，该附表可以不同程度地使用，作为核保人核保珠宝流动风险的起点。

用剪贴方式使用现有的模板会诱使保单草拟者经过粗略检查后接受某些表面看来是完好的东西，即使该模板经过仔细分析会发现其存在严重的错误。

"剪贴"经常导致上下文歧义的一种原因是，所借用的条款中使用的词汇并不适合将它并入新开发的新产品中。比如，"损失"一词应当在CGL保险单中谨慎地使用。它不能用在手写批单中以表示责任限额、免赔额或自保自留条款，因为在责任保险中它并不指索赔或损害赔偿金额。

一个明尼苏达州的案件可以用来说明，在同一份保险单中使用有不同含义的词所带来的问题。指明被保险人在1994年兼并了一家医疗实验室。保险人在保险单上用标准的批单增加该实验室作为被保险人。在该兼并后不久,发生了三起针对被保险人的医疗过失诉讼案件。实验室声称,在被兼并之前曾发生误诊事件。保险人提起宣告性判决诉讼(declaratory judgment action),声称该实验室在加在指明被保险人的保险单项下时就知道它有可能遭到医疗过失索赔。

保险单将被保险人在"其协议有效日期开始之前"(prior to the effective date of his agreement)与被保险人已经知道的医疗事故相关的任何索赔除外。保险人辩称"本协议"指的是增加实验室作为被保险人的批单而不是原来已经生效的保险单。法庭则不同意:

"根据保单定义,所除外的已知过去行为(known prior act)对每个加在保险单上的实体来说都有不同的'有效日期',而且除外条款中的'本协议'一词指的是将每一个实体加在保险单上的每份批单。不管是保险单作为整体,更改保险单的批单,还是已知过去行为除外条款的任何表述都会使得被保险人相信,这些表述对保险单所承保的每一家公司都有不同的含义。已知过去行为除外条款说的是'本协议'而不是这些协议。而且,'本协议'一词在整个保险单中多次出现,它并未表明,在指称保险单本身以及更改保险单的批单时,它有多重含义。"

保险人使用了错误的词汇,他应当使用"本批单"而不是"本协议"。

第三节 减少上下文歧义的建议

细心的保单草拟者会检查句子、段落、章节和整个保险合同是否存在上下文歧义。有些语言解释技术在每个层次上识别上下文歧义是很有帮助的。

一、句子层次

在满足保险单的可读性标准上,遵守最佳惯例会自动帮助保单草拟者在句子上避免大多数歧义问题。只要将冗长和复杂的句子分成多个较短和更可读的句子或短语,长句中存在的矛盾就能显而易见。短句结构也能有助于避免将目的不同而且可能存在冲突的条款放置在一起——如在一个句子中既有保障条款又有除外条款。

有一种风险较大的保单草拟技术是使用清单,它会增加单句歧义的风险。清单的每一要素都必须对所表达的保障原则严格地存在相同的关系,因为只有类似的关系才可能被法庭用来解释该清单的含义[参考第三章的"相同种类"(ejusdem generis)原则]。

二、段落和章节层次

在段落和章节层次上,需要考虑列表和概述这些工具。一个句子以及其类似的列表部分看来有点像一种提纲,因为提纲也有类似的缩进以及编号或标有字母的部分。其主要的区别在于,在列表结构中,文本是以完整的句子出现的。相比之下,提纲是一种缩写的版本,或者是整体的梗概而不是被分成多个部分的整体本身。以这种方式显示保险保障条款帮助保单草拟者确定每一个要素都有其合适的位置,所有要素对保险责任的影响都是相同的,不同类型的条款——保险责任、责任免除、先决条件等——并未混合起来。

识别上下文歧义的另一种方式是决策树分析法。其过程包括三方面:

1.将分析材料划分为尽可能多的离散命题;

2.将每一个命题划分为一种肯定和它的否定,使得该清单能够穷尽,离散命题相互排斥。

3.将命题按照从一般性到特定性的逻辑顺序排列。

如果复杂的责任免除和责任免除的例外相互作用，就可以采用决策树工具来分析保险责任问题（或类似在保险责任范围内的保障和限制之间的相互作用）。考虑以下条款：

"本保险单承保保险财产由于以下风险事故造成的直接损失：

1. 火灾或雷击，……；

本保险单不承保：

1. 由于人工电流造成的电器、设备、固定装置或电线的电损伤或电干扰造成的损失，除非随后发生火灾，……"

图 12-1 是一种保单条款提供保障的制图方式：

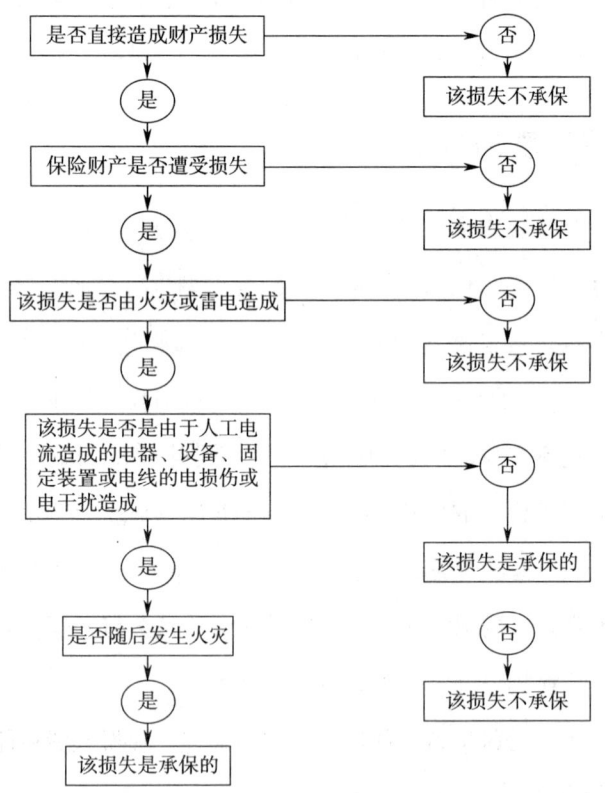

图 12-1　保单条款提供保障的制图方式

保单草拟者可以将由于人工电流造成的电器、设备、固定装置或电线的电损伤或电干扰造成的特定部分的损失除外。但是如果随后发生火灾，人工电流造成的电器设备电损伤或电干扰损失仍可以承保，但如果电器设备电损伤或电干扰是由于火灾造成，那么该损失是不保的。上述分析有助于保单草拟者确定，列表段落结构能够精确地显示保险责任和责任免除范围。

三、文件层次

为了避免文件层次上的歧义，合同必须作为整体而不是作为许多相互无关联的部分来设计。如果草拟者只不过"剪贴"条款，这些条款很可能是不一致的。虽然最后的草拟者——或修改现有的保险单的草拟者——无须重新设计每个条款，但是他们必须细心阅读每个条款以确定，所增加的内容是合适的，与文件其他部分保持一致。

在文件层次避免上下文歧义的关键是在一个地方组织在功能上无法分开的题材内容。如果需要违反单独条款中的一项规定，因为该题材内容部分与一个章节有关，部分又与另一个章节有关，保单草拟者应当作出交叉提示。

一个与处理保险损失风险相关的问题，对该风险一些保单除外条款适用而另一些又不适用。或许处理这种选择性地应用除外条款的最佳方式是，在每个除外条款中列出所承保的损失风险的例外情况。但是如果该例外适用于几个除外条款，采用上述方式会扩大整个保险单的篇幅。另一种方式是在一个地方（如在保单除外条款一章的末尾）列出不适用于所承保的损失的除外条款的清单。这种做法的一种例子是，尽管有些除外条款将"火灾损害法律责任保障"（coverage for fire damage legal liability），即被保险人对所租用的场所因过失造成火灾的责任除外，但它依然在标准的 CGL 保险单中保留下来。CGL 保险单（CG 00 01 12 07）"责任免除"中的最后条款表述如下：

"除外条款 c 到 n 不适用于火灾对租借给您，或您在所有者允许下占用的场所造成的损坏。在第三章——保险限额中载明的一个单独保险限额适用于该保障。"

四、后记：上下文歧义和其他保险

难以预测法庭会怎样解决上下文歧义问题的一种情况是，在"其他保险"（other insurance）条款项下索赔时出现条款冲突（对起草人不利原则不适用）。该问题并不是因为同一份保险单中条款冲突造成，而是因为两份不同的保险单中的类似条款存在矛盾。

四种最常见的其他保险条款：

——基础（Primary）。保险人在适用的责任限额内赔偿超过免赔额或自保自留额的赔款，而不考虑是否存在其他保险。

——按比例（Pro-Rata）。如该名称所示，比例其他保险条款设法将保险人的责任限于其他适用保险单责任限额的一定比例。该比例分摊可以以总损失金额、总保险费或提供保障的保险人数量为基础。

——超额（Excess）。根据该名称，超额其他保险条款规定，在其他保险赔偿基础保障损失后，该保险单仅提供第二层次的保障。含有超额其他保险条款的保险单，如果它是可执行的，仅支付基础保险保障以及所承保的损失之间的差额。

——逃避（Escape）。如果存在其他保险，含有逃避条款的保险单不提供保障。

如果两份保险单都制定了相同的其他保险条款，一般规则是，保险责任比例分摊。如果一份保险单含有基础其他保险条款，而另一份保险单含有超额或逃避其他保险条款，后一份保险单赔偿第一份保险单的超额部分或一点也不赔。如果两份保险单是其他赔偿方式，其中一份保险单是超额赔偿，另一份保险单是逃避赔偿，就会出现问题。

法庭在解决其他保险条款的冲突问题时，采用以下方法：

1. 保险人采用与损失的特点最特定的条款时，承担的是最基础的赔偿责任。比如，在1971年的卡里波四角公司诉卡车保险交易市场案件中（Caribou Four Corners, Inc. v. Truck Ins. Exchange, 1971），从被保险人驾驶的卡车上卸下钢管时，发生了伤害事故。有两份保险单都为此次事故提供保障。法庭认为，含有与承保货物装卸相关的特定条款的保险单是基础保险单。

2. 如果侵权人是一份保险单项下的指明被保险人，又是另一份保险单项下的额外被保险人，前一份保险单是基础保险单。

3. 机动车保险人是基础保险人，驾驶员的保险人承担次要责任。

4. 先出具保险单的保险人是基础保险人。

5. 限制性更强的保险单生效。比如，如果一份保险单声称其作为其他保险单的超额保障，而另一份保险单说，一旦存在其他保险，它则不承担赔偿责任。后一份保险单限制性更强，它不用与前一份保险单分摊损失。

6. 更加特别针对某类损失的保险单是基础保险单。比如，有一份保险单含有的超额其他保险条款仅适用于当被保险人使用替代车辆的情况下，而另一份保险单采用的是一般性的超额其他保险条款，后者赔偿的是前者的超额部分。

7. 合同双方的意图从保险项目结构上看出。比如，在1979年的利宝相互保险公司诉美国火灾保险公司案件中（Liberty Mut. Ins. Co., 1979），两份保险单都含有基本相同的其他保险条款。法庭认为，机动车保险单是基础保险，"个人巨灾责任"保险单在涉及被保险人非拥有的机动车责任时是超额保险。法庭是这样表示的：

"如果在适用的保险单之间存在明显的条款冲突，法庭应当检查保险保障的模式以解决保险人之间的争议问题……

"的确，每份保险单都有一个其他保险条款，用来在其他有效保险偶然存在的情况下限制自己的保险责任，但是检查了制定这些保险单的目的后就能找到解决它们之间争议的方法。利宝相互的保险单一般提供基本保障；它提供超额保障仅仅因为存在非拥有的机动车。美国火灾的保险单在任何情况下都提供超额保障。显然，这些保险单项下各方的目的是，美国火灾的保险单提供伞式保障，而利宝相互的保险单提供基础保障。"

8. 如果在其他保险条款上存在冲突，赔偿责任则按照比例分摊，而不考虑两个保险条款的表述。

第十三章 风 格

除了对保单表述的清晰性产生影响的保单语言、语法、标点符号和句法基本要点之外，还要考虑整个保单语言的可读性问题。该问题在标题为"风格"（style）的本章中予以论述。

对保单语言晦涩的批评（尽管有时是故意的）并不是新鲜事物。1596年，英国首相决定对由法庭出具的特别冗长的文件的草拟者作出惩戒示范。首相首先命令在该120页文件中心挖个洞。然后，他又命令该文件的草拟人将他的头从该洞中穿过。这个倒霉的草拟者戴着纸领被领到威斯敏斯特大厅的法庭让所有到场人观看。

1978年美国总统吉米·卡特签署了行政命令，要求联邦法规和其他政府文件都要采用易懂的语言。此后，大约一半的州制定了所谓的直白语言法（Plain Language laws）。这些法律实质性条款表述有所不同，但所有类似的法律都规定，法律法规的语言表述都要易读易懂，并都确定了一些技术指引，通过这些指引来衡量法律语言的可读性。

除了法律规定在法律法规和政府规章中使用简化语言之外，将近30个州将强制可读性标准向私人契约如保险单扩展。比如，路易斯安纳州法律要求，财产保险单损失评估条款应当采用突出的字体。在一个法庭审理的案件中，财产保险单的损失评估条款使用七种不同字体中的最小一种。由于该原因，法庭判决，尽管有损失评估条款，被保险人有权获得重置费用补偿而不扣除免赔额或者其他补偿方式。

但在多数情况下，控制保单内容是州保险部的责任。在提及该传统的管理模式的时候，大多数直白语言法将保险单除外，但是许多州都制定了经常以弗来奇测试分数或其他测试技术为基础的可读性标准。比如，得克萨斯州要求个人保险单至少要得到40弗来奇测试分。

在制定保险单时采用直白语言有其重要的理论基础（doctrinal basis）。书面合同一方受他所表示同意的书面合同条款的约束，不管他是否阅读该合同或了解所读条款的含义，这种概念在保险交易中受到巨大压力。法庭提出过两种针对合同法的哲学方法。其主要的观点是，合同表述以其客观含义为准，而不考虑其结果是否与合同方的意图保持一致。另一种学派观点是，合同方的主观目的是法庭用来检验合同是否合适的最终依据。但是，法庭能够准确地确定合同方意图的观点不时地受到法庭自身的挑战。亚利桑那高等法院对保险合同的传统解释原则发表了以下看法：

"我们不能假装认为，吉布斯先生一个平常的人，假如他认为保险单有这样一个条款，他就会打算，他的保险费应当用来保护除了其家庭成员之外的整个世界。吉布斯的意图可能恰恰相反。为了支持被保险人意图的这种虚构的想法，法庭又虚构了第二种想法，即吉布斯讨价还价，设法用低保险费获得含有上述除外条款的保险单。采用该第二个虚构的想法还需要虚构第三种想法，即为了多收保险费，可以诱使得州农场保险公司更改其标准的机动车保险单，并删除指明被保险人除外条款。这种谈判对美国国际商用机器公司（IBM）是可行的，它有能力通过讨价还价按照自己的需求来承保车队。认为可以让一般客户拥有这种实力是不切实际的……大量的保险交易方式与上述假设相违背。我们相信，现在是时候将保险法从一个虚幻的国度中移除。"

保险单结构复杂，要求仔细阅读并不能自动认为它存在歧义；有时因为采用了技术性词汇也不能认为它们无效。但是，保单语言难以理解加上复杂的保单结构会造成文体上的障碍以至于无法清晰表述，使得法庭有时会通过捷径来找到保险保障。比如，在1983年的庞德诉南加州蓝十字保险机构案件中（Ponder v. Blue Cross of Southern California, 1983），医疗保险人设法根据保险单中"预防临时下颌关节疾病的内外科护理"除外条款拒绝承担保险责任，但不成功。法庭发现，"临时下颌关节疾病"是一种技术性很强的专有词汇，该除外条款在牙医治疗条款中含义模糊，保险单难以阅读，因为它采用了"dense pack"（密度包）这种保险俚语。法庭认为，附和契约中的除外条款必须是显而易见的，而且用清晰、直白的语言表述。法庭因此判决，该除外条款未满足这些标准并拒绝执行该条款。

第一节　标题

在草拟保险合同时，特别重要的是要考虑能够使得保险单的章节和批单标题一目了然，告知读者这些标题所指。法庭拒绝执行其标题无法告知它的意图的条款。考虑以下案例。医疗过失保险单中的一个章节采用了"被保险人在索赔或诉讼上的程序"（Procedure of Insured in Claim or Suit）这一标题。该章有个要求，被保险人应当在"收到索赔或诉讼通知或发生任何不寻常的事故时"通知保险人。被保险牙医并未通知病人死亡，直到被提起诉讼为止。法庭不同意保险公司拒绝承担保险责任，因为该章标题未能提到拒绝承担保险责任的特定除外理由——未能通知"发生不寻常的事故"。

有些州明禁在保险合同中存在误导性标题。威斯康星州保险专员可以拒绝批准带有误导性标题的附表。在其他州，也要求保险专员不批准这样的附表。

设计好章节的标题是保单草拟者面临的挑战，标题要能够概括章节的所有内容，但又要足够特定以避免涵盖保险单其他部分所表述的内容。比如，如果保险单有"除外条款"一章，在保险单其他地方的任何除外条款（特定形式的除外条款）都可能被一些法庭认为具有欺诈性或歧义性的作用。如果保险单的一个章节很难用有意义的标题或名称概括，这种困难表明在该章节中含有太多无关联的内容。这种情况下的最好解决方式是重新将该章中的内容分成多个子章节。如有些除外条款实际上是保险保障的先决条件，或者缩小被保险个人的定义范围，或者对责任限额进行限制。

第二节　用词和句子长度

作为一种规则，较短的句子所表达的意思，即使需要用多个句子表达，也比较容易让读者理解。句子的长度是设计用来衡量书面语言可理解性的大多数测验标准的要件之一，如弗来奇阅读难度测试（Flesh Reading Ease Test）在大多数州法中用来规定法律法规、政府规章及类似保险单这样的消费合同的"语言简化"标准。可读性专家建议，句子平均长度不应当超过20个字。长句经常无法清晰和准确地组织大量的信息。修改长句要采取两个步骤：（1）通过逻辑过渡仔细地组织条款；（2）将不同的概念置于分开的句子中，再用合适的过渡词表明它们之间的关系。

考虑以下两个关于保费审计的保单条款。第一个是从1955年普通责任保险单中摘录：

"声明中载明的预交保险费仅是估算的保险费。在本保险单终止时，已赚保险费将按照本公司的规则、费率、定费计划、保险费和最低保险费予以计算。如果所计算的已赚保险费超过估算的预交保险费，指明被保险人要向本公司支付差额；如果少于估算的预交保险费，本公司会向指明被保险人退还其支付的未赚部分（The advance premium stated in the declarations is an estimated premium only. Upon terminations of this policy, the earned premium shall be computed in accordance with the company; s rules, rates, rating plans, premiums and minimum premiums applicable to this insurance. If the earned premium thus computed exceeds the estimated advance premium paid, the named insured shall pay the excess to the company; if less, the company shall return to the named insured the unearned portion paid by such insured)."

上述三个句子平均长度为 26.3 个字。整个条款的弗来奇阅读难度测试得分 36.8，无法满足大多数州的可读性要求。

以下是从现在的标准 CGL 保障附表（CG 00 01 12 07）摘录的相同条款。从 1986 年开始，所有此类附表都用"简化的语言"表述。

"本保障部分显示的保险费仅是预付保险费。在每一审计阶段结束时，我们将计算该阶段的已赚保险费，然后向第一指明被保险人寄送通知。审计和追溯保费的到期日是收费清单上的到期日。如果为保险期间支付的预付和审计保险费比已赚保费大，我们将向第一指明被保险人退还超额部分（Premium shown in this Coverage Part as advance premium is a deposit premium only.At the close of each audit period we will compute the earned premium for that period and send notice to the first Named Insured. The due date for audit and retrospective premium is the date shown as the due date on the bill. If the sum of the advance and audit premiums paid for the policy period is greater than the earned premium, we will return the excess to the first Named Insured)."

该条款的平均句子长度是 21.7 字，更加靠近清晰写作所需的 20 字目标。这一段文章的弗来奇阅读难度测试得分为 59.3，达到了大多数州的可读性法律要求。

直白英语就是简洁英语。并不是说短句经常比长句好，或者说必须经常选择日常英语而不是技术词汇。如果需要更多的词使复杂的概念表达得更加清晰，那么为了达到明晰要求就需要增加词汇。但是保险单草拟者应保持警惕，在语言结构中使用那些已经在草拟合同上使用了几十年甚至几个世纪的表述方式。并列比较以下两组保单条款例子，左边是旧的传统表述，右边是代表现代简化语言的新表述。

文框 13-1

保单条款简洁性对比

复杂的表述	简化的表述
This Policy shall not apply with respect to personal injury or property damage with respect to which an Insured under this Policy is also an Insured under a nuclear energy liability policy issued by Nuclear Energy Liability Insurance Association；Mutual Atomic Energy Liability Underwriters；or Nuclear Insurance Association of Canada；or would be an insured under any such Policy but for its termination upon exhaustion of its limit of liability（本保险单不适用于个人伤害或财产损失，如果该保险单项下的被保险人也是由核能责任保险协会、相互原子能责任核保人或加拿大核保险协会出具的核能责任保险单项下的被保险人；或者要不是责任限额耗尽保险责任终止，他就可能成为任何这类保险单项下的被保险人）	We do not cover any liability connected with a nuclear energy incident that's covered by Nuclear Energy Liability Association，Mutual Atomic Energy Liability Association，or Nuclear Insurance Association of Canada，even if such other insurance does not pay because the insurer's limit of liability has been used up（我们并不承保由核能责任保险协会、相互原子能责任核保人或加拿大核保险协会出具的核能责任保险单所承保的与核能事故相关的任何责任，即使由于保险人的责任限额已经耗尽，该其他保险不赔偿）
If the event that any provision of this Policy is unenforceable by the Insurer under the laws of any State or other Jurisdiction where it is claimed that the Insured is liable for any injury covered hereby；because of non-compliance with the statute thereof；then this Policy shall be enforceable by the Insured with the same effect as if it had complied with such statute（如果任何州或其他管辖权地区声称被保险人要为本保险承保的任何伤害负责，或者由于被保险人未能遵守这些州或其他管辖权地区法律，根据这些州或管辖区法律，保险人无法执行本保险单项下的任何条款，被保险人依然可以用相同的效果执行本保险单，仿佛他已经遵守这些法律）	If any terms of this Policy conflict with state or local law，the terms can be enforced if the terms had conformed（如果本保险单的任何条款与任何州或地方法律产生冲突，这些条款仍然可执行，仿佛这些条款与上述法律保持一致）

第三节　句子结构

保险单草拟风格上的许多问题和识别与保险合同相关的行为人或其代理人的难度相关。这些困难与句子结构不当特别与以下三种句子结构相关：名词化、语助词和被动语态。这些结构本身没有错，但是如果使用不当就会误导读者的注意力，并且使得句子含义变得含糊不清。

一、名词化

名词化（Nominalizations）是将动词转换为名词，经常末尾使用"-tion"。比如，"解释"（explain）一词的名词化形式是"explanation"。但是，有些动词可以用来作为名词。比如，动词"罚款"（to fine）的名词形式也是"fine"。有些动词在额外动词的帮助下也可以用来作为名词。律师或官僚们都喜欢名词化；他们不太使用"采取行动"（act）一词，而用"take action"替代。

名词化通常要求用额外的词来完善它的含义，这样就导致冗长和复杂的文章风格。另外，由于语法上的主语缺失，名词化可能导致句法歧义。考虑以下例子：

"雇员只有在雇佣终止时得到离职金（An employee receives severance pay only on termination of her employment）。"

如果由雇员终止雇佣，是否它有权获得离职金？将名词改为动词就能够明确，不仅会发生什么，而且谁是行为的实施者。

"只有在公司终止雇佣时，雇员才能获得离职金（An employee receives severance pay only when the company terminates her employment）。"

二、语助词

语助词（expletives）使用动词"to be"加上"there"或"it"（"there is/are 或"it is"），旨在替代或指出谓语的实际行为人。修改语助词、将它删除、用该语助词所指的行为人作为句子开头，如以下例子：

"未修改的

地震是不保的（There is no insurance against earthquake）。

已修改的

本保险单不承保地震（This policy does not insure against earthquake）。"

以下例子就更为复杂。

"未修改的

修改本保险单的任何部分不可能是有效修改，除非得到带有保险公司授权代表签字的书面批单的明确支持（The amendment of any part of this policy may not be a valid modification unless supported by express written endorsement bearing the signature of an authorized representative of the insurance company）。

已修改的

只有在保险公司签署本保险单的书面批单的情况下，合同双方才可以修改本保险单的任何部分（The parties may amend any part of this policy only if the insurance company signs a written endorsement to this policy）。"

三、被动语态

在被动语态（passive voice）结构中，句子的主语被采取而不是采取行动，实施行为的人要么不体现，要么含在以"by"开头的介词短语中。由于可以采用被动语态描述行为，而不用明确由谁实施行为，被动语态结构可能造成潜在的歧义。要修改被动语态，就要将行为人插入句子当中，然后将前面的主语变成直接宾语，或者在使用被动语态的相关句子中加入行为人。

以下条款采用被动语态

"在30天内保险人应当收到索赔通知（The insurer shall be given notice of a claim within 30 days）（通知行为由未载明的行为人实施——通知索赔的人未予明确）。"

"由被保险人在30天之内向保险人通知索赔事件（The insurer shall be given notice of a claim by the insured within 30 days）（通知行为由介词短语中明确的行为人实施——由被保险人）。"

"应当在30天内提交索赔通知（Notice of claim shall be filed within 30 days）（未明确通知人和被通知人——该条款的误导性增加一倍）。"

以上被动语态结构存在的潜在歧义可以通过将句子转化为主动语态予以纠正。

"The insured shall give notice of a claim to the insurer within 30 days（被保险人应当在30天向保险人提交索赔通知）。"

考虑以下另一个被动语态的例子：

"本保险单并不适用于'由您或以您的名义'从事贸易的其他人生产、销售、分派或处理的任何商品或产品（This policy does not apply to 'property damage' to any goods or products...manufactured, sold, distributed, or disposed of...by you or others trading under your name）。"

上述句子可以按照以下方式修改：

"This policy does not apply to 'property damage' to any goods or products that you（or others trading under your name）manufacture, sell, distributed, or disposed of."

但是在某些情况下，被动语态比较理想甚至是必要的，包括当：

——行为人或句子语法上的主语尚不得而知（要求采用被动语态）或是

不重要的（采用被动语态更好）。比如句子：在财产运到"被保险人"的接收地以将其装上所承保的"机动车"之前，由于处理财产所导致的"人身伤害"或"财产损失"（"Bodily injury" or "Property damage" resulting from the handling of property before it is moved from the place where it is accepted by the "insured" for movement into or onto the covered "auto"）。

——行为的目的比谁是行为人更重要。如，"人身伤害"或"财产损失"，对此您可能被认为要承担责任，假如您是个承包商，而且该场所、地点或位置的所有人或承租人已经加到您的保险单上作为额外被保险人……（"Bodily injury" or "Property damage" for which you may be held liable, if you are a contractor and the owner or lessee of such premises, site or location has been added to your policy as an additional insured...）。

四、规范化

合同草拟的规范化（Normalization）表现的是一种将符号逻辑转换为合同草拟过程的一种努力。在合同草拟规范化中，每一个条款都按照规则表述，条件条款之间的关系以及其结果毫无歧义地表达出来。以下是合同规范化草拟技术的一种变化：

1. 用以下规范语法术语将议题连接起来：

AND（和）

OR（或）

IF..., THEN（如果……，那么……）

IF AND ONLY IF..., THEN（如果以及仅仅如果……，那么……）

2. 保险条件在结果之前表述。

3. 每一个议题在语法上都是完整的句子。

比如，考虑以下在非规范化附表中的保单条款。

| 第十三章
| 风　格

"如果保险单是可以续保的，它将在从续保保费支付日期开始的整个保费期间内都有效，该保费应不迟于到期日30天内支付。"

上述条款的标准表述应当是：

"如果

（1）本保险单是可续保的，以及

（2）续保保费在不迟于保费到期日30天内支付，

那么

（3）本保险单在整个保费期间内都有效。"

规范化的一种优点是，它能够解决复杂的条件和结果之间的关系问题。

考虑以下保单模板条款：

"保单恢复：如果任何续保保费未在允许被保险人支付的期间内支付，但后来本公司或本公司授权收取该保险费的任何代理人，在未首先要求被保险人申请恢复本保险的情况下，接受了保险费，本保险将予以恢复；但是，假如本公司或该代理人要求被保险人提出恢复保险的申请，并出具了所交纳保险费的有条件的收据，本保险在本公司批准恢复保险申请之时予以恢复，或者如果未批准，本保险在该有条件的收据出具日后45天恢复（新墨西哥30天），除非本公司书面通知被保险人不批准该申请。'所恢复的保险'仅承保由于恢复日之后遭受的意外伤害造成的损失，以及恢复日之后10天内发生的疾病造成的损失。在其他方面，被保险人和本公司拥有逾期保险费到期日之前他们在保险单项下所拥有的相同的权利，但受与恢复保险单相关的批单或附贴条件的制约。任何与该保单恢复相关的所接受的保险费适用于先前保险费尚未支付的期间，但不适用于保单恢复日之前超过60天的任何期间（REINSTATEMENT: If any renewal premium be not paid within the time granted the Insured for payment, a subsequent acceptance of premium by the Company or by any agent dully authorized by the

Company to accept such premium, without requiring in connection therewith an application for reinstatement, shall reinstate the policy; provided, however, that if the Company or such agent required an application for reinstatement and issues a conditional receipt for the premium tendered, the policy will be reinstated upon approval of such application by the Company or lacking such approval, upon the 45th day (30th day in New Mexico) following the date of such conditional receipt unless the Company has previously notified the Insured in writing of its disapproval of such application. The reinstated policy shall cover only loss resulting from such accidental injury as may be sustained after the date of reinstatement and loss due to sickness as may begin more than 10 days after such date. In all other respect the Insured and the Company shall have the same rights thereunder as they had under the policy immediately before the due date of the defaulted premium, subject to any provisions endorsed hereon or attached hereto in connection with reinstatement. Any premium accepted in connection with a reinstatement shall be applied to a period for which premium has not been previously paid, but not to any period more than 60 days prior to the date of reinstatement)."

该条款充斥着文体上的歧义，使得一般读者多少有些无法理解（每个句子平均59个单词，弗来奇阅读难度测试分低到令人吃惊的6.6）。规范化的条款版本如下所示：

标准条款版本如下所示：

如果

1.任何续保保险费未能在允许被保险人支付的期间内支付，以及

2.后来（A）本公司或本公司授权收取该保险费的任何代理人，在未首先要求被保险人申请恢复本保险的情况下接受了该保险费，或

（B）本公司或该代理人

- 要求被保险人提出恢复保险单的申请，并
- 出具了所缴纳保险费的有条件的收据，以及

3.（A）本公司批准该恢复保险申请，或

（B）该有条件的收据出具日后 45 天（新墨西哥是 30 天）内，保险人未以书面方式通知被保险人不批准该申请，

那么

4. 本保险予以恢复，以及

5. 所恢复的保险仅承保恢复日之后遭受的意外伤害造成的损失，以及恢复日之后 10 天内发生的疾病造成的损失，以及

6. 在其他方面，被保险人和本公司拥有逾期保险费到期日之前他们在保险单项下所拥有的相同的权利，但受与恢复保险相关的批单或附贴条件的制约，以及

7. 任何与该保险单恢复相关的所接受的保险费适用于先前保险费尚未支付的期间，但不适用于保险恢复日之前超过 60 天的任何期间。

五、其他有用的句子模式

"如果……那么"（if...then）句子模式可以用来表示一种条件、描述复杂的因果关系，或者列出事件发生的顺序（注意，这是一种结构并不十分紧密的规范化模式，但它的概念基本相同）。该句型可以复杂，但主语和谓语不能距离太远。"如果"条款和"那么"条款有它们自己的主谓结构，使读者更容易理解 ["当……那么"（when...then）结构作用一样，但是含义稍微不同]。该词"那么"无须放在句子中，它起一种引导作用，本身并无明确的含义。一般情况下，保单草拟者不应当在句子中使用超过两个"如果"（if）条件从句。假如超过两个用"如果"引导的必要的前提条件，保单草拟者应

当使用多个正式的句子结构，如规范化句子结构（如上所述）。

考虑以下财产保险单中的错误和遗漏条款。

"如果您未能披露从保单起始日开始的所有的风险因素，假如这不是一种故意行为，我们将不会拒绝承担保险单项下的责任（We will not disclaim coverage under this policy if you fail to disclose all hazards as of inception date of this policy, providing such failure is not intentional）。"

该句型可以按照以下方式改进：

"如果您不是有意不披露所有的风险因素，我们不会以未披露为基础拒绝承担保险单项下的责任（If you fail to disclose all hazards unintentionally, then we will not disclaim coverage under this policy on the basis of failure to disclose）。"

另外，可以用双重否定的方式来修改：

除非您未能披露所有的风险因素是故意的，我们不会以未能披露为基础拒绝承担保险单项下的责任（Unless your failure to disclose all hazards is intentional, we will not disclaim coverage under this policy on the basis of failure to disclose）。

但是，后一种版本会将被保险人的举证义务转移给保险人。

如果涉及时间顺序问题，保单草拟者应当采用以下例子中的顺序：

"被保险人在相同的地点实际重置建筑物后，我们才支付重置费用（We will pay for replacement cost after the insured has actually replaced the building at the same site）。"

上述句型可以按以下方式改进：

"如果被保险人实际重置建筑物，我们再支付重置费用（If the insured has actually replaced the building, then we will pay for replacement cost）。"

如果在同一个句子中既有规则也有例外，规则应当先叙述。读者在头脑中对该规则未形成概念的情况下是无法完全理解或完全记住该例外的。处理规则、例外和条件的最好方法是每一种都有自己的句子。比如，以下是标准财产保险单中的清理和去除污染物保障附表的部分表述：

"额外保障并不适用于测试、监控或评估污染物的存在、集中或影响。但是，我们负责赔偿将污染物从土地或流水中分解的测试费（This Additional Coverage does not apply to costs for, monitor or assess the existence, concentration or effects of 'pollutants'. But we will pay for testing which is performed in the course of extracting the 'pollutants' from the land or water）。"

参考文献

[1] 肯尼斯·S.沃尔纳．如何草拟和解释保险合同（How to Draft and Interpret Insurance Policies）[Z]．国际风险管理协会，2013．

[2] 陆荣华．精编英汉保险词典（*A Refined English-Chinese Insurance Dictionary*）[M]．北京：中国金融出版社，2009．

[3] 保险合同设计和开发(Insurance Product Design and Development)[Z]．微软金融服务集团，2016．

[4] 巴里·扎尔马．仔细草拟保险单的重要性（The Importance of Careful Policy Drafting）[Z]．2018，2．

[5] 唐纳德·S.马莱茨基．手工附表和批单（Manuscripting Forms and Endorsements）[Z]．2017，2．

[6] 马克·A.吉斯特菲尔德．对保险合同的解释规则的解释（Interpreting the Rules of Insurance Contract Interpretation）[Z]．纽约大学法学院，2015，12．

[7] 艾伦·R.沃尔夫和安娜·M.皮亚扎．保险合同解释原则：你对故意造成歧义指控的抗辩（Insurance Policy Construction Principles: Your Defense Against Purposeful Ambiguities）[Z]．2014，4．

[8] 大卫·J.塞诺．保险法中的合理预期原则（The Doctrine of Reasonable Expectations in Insurance Law）[Z]．2002，3．

[9] 彼得·W.克里沃鲁克．保险单中的合同语言可以优于法庭有效期

间吗？（Can Contractual Language in an Insurance Policy Override a Statutory Limitation Period?）[Z]. 2013，6.

［10］丹尼尔·桑切斯－比哈尔. 加州保险单解释方法（California's Approach to the Interpretation of Insurance Policies）[Z]. 2004.